LE SEXE de la science

Catalogage avant publication de la Bibliothèque nationale du Canada

Vedette principale au titre :

Le sexe de la science

ISBN 2-89544-045-X

1. Sexualité – Miscellanées. 2. Comportement sexuel chez les animaux –
Miscellanées. 3. Relations sexuelles – Miscellanées. I. Agence Science-Presse.

HQ25.S49 2003   306.7   C2003-941461-2

imprimé au Canada/Printed in Canada

Agence Science-Presse

LE SEXE de la science

ÉDITIONS
MULTIMONDES

Collaboration au choix des textes: Florence Portes et Josée Nadia Drouin
Révision linguistique: Robert Paré
Illustrations: Jacques Goldstyn

© Éditions MultiMondes et Agence Science-Presse 2003
ISBN 2-89544-045-X
Dépôt légal – Bibliothèque nationale du Québec, 2003
Dépôt légal – Bibliothèque nationale du Canada, 2003

ÉDITIONS MULTIMONDES
930, rue Pouliot
Sainte-Foy (Québec) G1V 3N9
CANADA
Téléphone: (418) 651-3885
Téléphone sans frais depuis l'Amérique du Nord: 1 800 840-3029
Télécopie: (418) 651-6822
Télécopie sans frais depuis l'Amérique du Nord: 1 888 303-5931
multimondes@multim.com
http://www.multim.com

DISTRIBUTION EN LIBRAIRIE
AU CANADA
Diffusion Dimedia
539, boulevard Lebeau
Saint-Laurent (Québec) H4N 1S2
CANADA
Téléphone: (514) 336-3941
Télécopie: (514) 331-3916
general@dimedia.qc.ca

DISTRIBUTION EN BELGIQUE
Librairie Océan
Avenue de Tervuren 139
B-1150 Bruxelles
BELGIQUE
Téléphone: +32 2 732.35.32
Télécopie: +32 2 732.42.74
g.i.a@wol.be

DISTRIBUTION EN FRANCE
Librairie du Québec
30, rue Gay-Lussac
75005 Paris
FRANCE
Téléphone: 01 43 54 49 02
Télécopie: 01 43 54 39 15
liquebec@noos.fr

DISTRIBUTION EN SUISSE
SERVIDIS SA
Rue de l'Etraz, 2
CH-1027 LONAY
SUISSE
Téléphone: (021) 803 26 26
Télécopie: (021) 803 26 29
pgavillet@servidis.ch
http://www.servidis.ch

Les Éditions MultiMondes reconnaissent l'aide financière du gouvernement du Canada par l'entremise du Programme d'aide au développement de l'industrie de l'édition (PADIÉ) pour leurs activités d'édition. Elles remercient la Société de développement des entreprises culturelles du Québec (SODEC) pour son aide à l'édition et à la promotion.
Gouvernement du Québec – Programme de crédit d'impôt pour l'édition de livres – gestion SODEC.

Table des matières

Introduction

Il y a 25 ans, l'Agence Science-Presse...

L'ignorance du public face aux questions scientifiques est un vieux problème, fréquemment soulevé dans les sondages. Aujourd'hui, entre les organismes génétiquement modifiés, le réchauffement global et le bioterrorisme, cette ignorance est plus que jamais à l'ordre du jour. L'acquisition d'un certain bagage scientifique est devenue indispensable à tout citoyen digne de ce nom.

Les médias constituent une partie du problème, car c'est désormais par eux que le public s'informe d'abord et avant tout, une fois qu'il a quitté l'école. C'est par les médias qu'il est « exposé » à la science. Si les médias se désintéressent de la science, c'est un canal de transmission inestimable qui est coupé entre la culture scientifique et le grand public.

C'est dans cette logique qu'une poignée de mordus québécois de la vulgarisation scientifique participait, il y a 25 ans, à la naissance d'un nouveau média, une agence de presse scientifique, l'**Agence Science-Presse.**

Qu'est-ce qu'une agence de presse? C'est un média qui travaille pour d'autres médias. C'est un média qui ne produit ni magazine ni émission de télé, ce qui le condamne d'emblée à travailler dans l'ombre. La tâche de l'Agence Science-Presse était, et demeure, d'envoyer aux hebdomadaires régionaux, aux stations de radio, aux quotidiens et à tous ceux qui en font la demande des articles sur l'actualité scientifique, des reportages, des nouvelles brèves et même des dessins.

L'agence de presse, devenue grande, a bien vite étendu ses tentacules. Sous la gouverne de Félix Maltais, l'indispensable, l'âme et l'inspiration, elle a ajouté, dès 1980, une corde «jeunesse» à son arc, la chronique du Petit Débrouillard. Qui s'est mis à publier des livres. Qui ont inspiré des animateurs dans les écoles. La chronique est devenue bulletin, puis magazine, et a été rebaptisée *Les Débrouillards.* Le magazine a engendré une émission de télé et un site Internet.

Pendant ce temps, l'agence de presse a poursuivi sur sa lancée avec des chroniques dans les quotidiens, une émission à la télé communautaire, *Hebdo-Science,* des bulletins pour la radio, un espace régulier pour les jeunes, une présence de plus en plus visible dans les grands médias, d'innombrables nouvelles brèves, un site Internet...

Et ce site Internet, aujourd'hui, est devenu la locomotive de l'Agence. Le nom Agence Science-Presse qui, il y a seulement 10 ans, n'était connu que d'une poignée de journalistes et de médias abonnés, est à présent associé à l'un des sites d'information les plus populaires de toute la francophonie.

Et pourtant, vendre de la science aux médias reste aussi difficile qu'avant. Les médias ont beaucoup de pages à remplir et bien des trous à combler dans la grille horaire, croyez-vous? Erreur. Une fois ces «trous» comblés par l'actualité politique, artistique et sportive – et les faits divers –, les dernières recherches, fussent-elles en génétique, ne pèsent pas lourd.

Elles pèsent d'autant moins lourd qu'elles font peur. Car la science est une information évanescente – rien à voir avec la déclaration d'un ministre qui dit noir pendant que son opposant dit blanc –, pour laquelle on a souvent le sentiment qu'il nous manque un contexte.

De sorte que pour «vendre» la science, il faut la rendre intéressante. Alléchante. Amusante. Intrigante. Inquiétante, parfois. Il faut un hameçon. Ce peut être un premier paragraphe qui frappe fort. Ce peut être une nouvelle ultra-brève, qui en dit plus en 10 lignes qu'un rapport de 100 pages.

Et ça peut parler de sexe.

Le sexe dans la science

Internet l'a démontré, le sexe fait toujours recette. On parle beaucoup des succès du *Wall Street Journal* sur le réseau informatique, on parle beaucoup moins de ceux, pourtant bien plus éclatants, de *Playboy*.

Même à l'Agence Science-Presse, nous nous en sommes rendu compte! Il suffit d'une nouvelle contenant le mot «sexe» dans le titre, et voilà la fréquentation de notre site Internet qui augmente cette semaine-là. Et la nouvelle en question se range parmi les pages les plus visitées...

Mais c'est quoi, le sexe, en science? C'est la façon dont se font les bébés – les nôtres et ceux de nos amies les bêtes –, mais c'est aussi la façon de faire la cour – là non plus, nous n'avons pas l'exclusivité! Ce sont des tonnes et des tonnes de recherches savantes sur les sujets les plus étranges et les plus étonnants, qui démontrent, à défaut d'autre chose, que les scientifiques ne sont pas fascinés seulement par leurs ordinateurs.

Pensez à n'importe quelle phrase célèbre – «chez toi ou chez moi?», «l'amour rend aveugle», «la femme est l'avenir de l'homme» –, et vous pouvez être sûr qu'un chercheur, quelque part, a trouvé une façon de la tester. Et que dire de la cigarette après, du mythe du chaud lapin ou de l'odeur de l'amour? Sans oublier des sujets diablement plus sérieux: saviez-vous que l'endroit par lequel le spermatozoïde entre dans l'ovule déterminera la façon dont se formera le futur bébé?

Le sexe, ce n'est qu'une partie de la production de l'Agence Science-Presse depuis 25 ans; mais c'est souvent la partie dont les lecteurs, bien qu'ils s'en défendent, se souviennent le plus. Chacun a sa petite histoire, de la vie sexuelle des araignées à la vie sexuelle des souris, qu'il chérit dans sa mémoire, parfois même sans savoir qu'elle lui est venue de l'Agence Science-Presse. Qu'on pense à nos textes que diffusent régulièrement des médias aussi divers que *Le Courrier de Saint-Hyacinthe, La Presse, Le Devoir,* les radios CKRL ou CFLX.

Il aurait été vain d'essayer de produire un recueil chrono-logique des 25 années de textes sur le sexe. Certaines périodes auraient été surreprésentées, et il n'est pas sûr que tout le monde aurait eu envie de lire les spéculations sur les MTS de l'époque pré-sida. Même les textes sur le viagra d'il y a quelques années se sont révélés, à la (re)lecture, avoir vieilli incroyablement vite.

Ce volume, comme les deux autres de la trilogie, n'a donc pour ambition que d'ouvrir une petite fenêtre sur la production gargantuesque qui est sortie de l'Agence Science-Presse. Vingt-cinq ans à tenter d'intéresser les médias à la science. Vingt-cinq ans à rechercher, à travers figures de style et traits de plume, l'élément qui, pour paraphraser un auteur de science-fiction, convaincra le citoyen que *la science, c'est non seulement plus intéressant que ce que vous imaginez, mais surtout, plus intéressant que tout ce que vous pouvez imaginer...*

L'Agence Science-Presse raconte à longueur d'années, depuis un quart de siècle, des histoires fabuleuses, fascinantes et parfois effrayantes. Sur 12 mois, le site Internet aura publié au moins 400 capsules[1] et 52 manchettes[2]; les abonnés auront reçu une quarantaine de reportages exclusifs, 52 pages pour les jeunes et trois ou quatre centaines d'autres capsules; alternativement sur Internet et dans le bulletin réservé aux abonnés aura été publiée une centaine de nouvelles scientifiques québécoises[3]; les Kiosques auront affiché plus d'un millier de recensions d'articles des quatre coins du monde[4].

Il n'aurait été ni pensable ni souhaitable de tout republier. Nous avons donc choisi de nous en tenir à trois thématiques, chacune correspondant à ce que l'Agence Science-Presse fait de mieux, c'est-à-dire la science sous sa forme la plus détendue : l'humour; l'ironie; le trait de plume qui frappe, la phrase qui surprend. D'où les trois livres : le dessin *(La science morte de rire)*, le sexe *(Le sexe de la science)* et l'étrange *(La science insolite)*. Si vous refermez l'un de ces livres en voyant la science différemment de ce que vous imaginiez auparavant, nous aurons atteint notre but.

Pascal Lapointe
Rédacteur en chef
Agence Science-Presse

1. http://www.sciencepresse.qc.ca/capsules.html
2. http://www.sciencepresse.qc.ca/manchettes.html
3. http://www.sciencepresse.qc.ca/quebec.html
4. http://www.sciencepresse.qc.ca/kiosques.html

Quand on n'a que l'amour

GOLDSTYN

Les veufs souffrent-ils plus que les veuves?

L es statistiques sont troublantes: les veufs âgés courent 13 fois plus de risques de se suicider que les veuves.

En effet, en 1997, pour 100 000 habitants, 61 veufs s'enlevaient la vie... contre 4,7 femmes. Et ce n'est pas tout: depuis le milieu des années 1980, le taux de suicide chez les veufs a presque doublé, passant de 33 à 61 pour 100 000 habitants, alors qu'il est resté à peu près le même chez les veuves ainsi que, incidemment, chez les hommes mariés.

Pourquoi cette différence? Isabelle Morin, de l'Université Laval, s'est penchée sur la question. Après avoir analysé les témoignages de proches de sept veufs qui se sont suicidés, elle a dégagé une caractéristique commune: les problèmes de chacun empiraient après le décès de la conjointe. «La présence de la femme joue un rôle de régulation à l'égard de son mari, en modérant ses excès.» Par exemple, après le décès de leur conjointe, ceux qui ont une tendance à l'alcoolisme boivent davantage; de même, les joueurs compulsifs jouent de façon démesurée. «L'aggravation de ces problèmes finit par les conduire au suicide», affirme Isabelle Morin.

Il y a également une autre raison possible. La femme permettrait l'intégration sociale de son mari, c'est-à-dire qu'elle agirait comme lien entre lui et le reste de sa famille. Lorsque ce lien disparaît, l'homme s'isole du reste du monde, un isolement qui peut mener jusqu'au suicide.

Les femmes, de leur côté, semblent avoir moins besoin de cette intégration sociale, ainsi que de quelqu'un pour «réguler leurs excès»; c'est pourquoi leur taux de suicide serait moins élevé, pense Isabelle Morin.

Mais cela laisse une question en suspens: pourquoi le taux de suicide des veufs a-t-il connu une si grande augmentation en 15 ans, alors que celui des personnes âgées n'a à peu près pas varié? La chercheure croit que la réponse pourrait se trouver du côté de l'institution du mariage elle-même ou, plus précisément, dans l'affaiblissement de cette institution dans notre société. «Il y a 15 ans, le mariage imposait des règles qui étaient suivies par tous et qui pouvaient compenser l'absence de la femme lors du décès de celle-ci. De cette façon, la régulation des excès et l'intégration sociale étaient tout de même maintenues. Mais aujourd'hui, ces règles sont beaucoup moins fortes; il n'y a plus de cette forme d'encadrement.»

«Bien que deux facteurs soient mis en évidence par cette recherche, il est très difficile de dire qu'il s'agit des deux facteurs les plus importants, car le suicide est une chose très complexe», conclut Isabelle Morin. Et bien que certaines statistiques soient à la hausse, le Canada n'en reste pas moins l'un des pays où le taux de suicide gériatrique demeure le plus faible.

CATHIE PEARSON

Mourir d'amour

Une nouvelle étude vient de confirmer qu'on peut effectivement mourir d'amour. Cette recherche, effectuée auprès de 95 000 Finlandais veufs ou veuves, a révélé que leur taux de mortalité a augmenté de façon significative dans l'année suivant le décès de leur conjoint. Ce sont surtout les mortalités par suicide, accident et maladie cardiaque qui ont augmenté.

L'amour rend aveugle

L'amour est aveugle, certes. Mais il peut aussi, dans certains cas du moins, rendre aveugle! Ainsi un homme de 41 ans, charpentier de son état, filait avec sa femme le parfait bonheur. Un bon matin où celle-ci n'était pas rentrée au nid conjugal, notre homme piqua une forte crise de jalousie... et perdit, deux jours plus tard, l'usage d'un œil! Le diagnostic du médecin: choriorétinite sérieuse centrale; ce décollement de la rétine au niveau de la macula (point où la rétine est le plus sensible) est causé par une élévation de la pression sanguine dans les artères irriguant le globe oculaire. Or selon le médecin de notre mari trompé, c'est vraisemblablement la jalousie du bonhomme qui a entraîné cette élévation de pression. D'autres émotions vives pourraient conduire au même résultat: lors d'une étude sur 33 personnes victimes de la même affection, on a constaté que 30 d'entre elles avaient préalablement vécu des stress intenses au travail ou des peines d'amour...

Les souris font l'amour, pas la guerre

En temps normal, chez les souris, le monsieur choisit de s'accoupler avec la madame s'il a aimé ce qu'il a senti. S'il se rend compte, par l'odeur, que son voisin est en réalité un autre monsieur, il va plutôt choisir de se battre. Et qu'arrive-t-il s'il ne sent rien? Eh bien, dans le doute, il va choisir l'amour à tous les coups. Que ce soit un monsieur ou une madame.

Des chercheurs de Harvard en sont arrivés à cette constatation grâce à des souris qui ont été modifiées génétiquement, de telle façon que leur «système de détection des phéromones», si on peut l'appeler ainsi, ne fonctionne plus. Or, c'est ce système qui permet au mâle de distinguer mâles et femelles et, par conséquent, de choisir à quoi il va occuper ses prochaines minutes, attendu que deux souris mâles aiment rarement partager le même espace.

La neurologue moléculaire Catherine Dulac a écrit, en 2002 dans la revue *Science*, que chez les souris, l'interaction sociale «par défaut», c'est l'accouplement. Il suffit d'enlever un gène, un seul petit gène, responsable de la production d'une banale protéine appelée TRP2, pour que le détecteur de phéromones tombe en panne et que la souris, face à ce cruel dilemme, choisisse la paix.

Et chez les humains? Les neurologues et autres neuro-biologistes n'ont pas tardé à sauter sur l'occasion pour affirmer que cette découverte ouvrait toute une série de portes vers les causes génétiques de toute une série de nos comportements.

Malheureusement, de l'avis général, la partie du cerveau qui, chez les souris, est titillée par la protéine TRP2 et, par conséquent, détermine cette dualité amour-guerre, cette partie du cerveau, donc, est inactive chez nous. Attention: elle n'est pas totalement inactive, allèguent certains chercheurs, de sorte que... Qui sait?

L'effet papa

Le fait qu'un homme marié passe plus de temps qu'un autre avec sa femme et ses enfants est peut-être lié à son niveau de testostérone – son hormone sexuelle. Une recherche de l'Université Harvard vient en effet de conclure qu'entre les célibataires, les hommes mariés et les hommes mariés avec enfants, ce sont ces derniers qui présentent les niveaux de testostérone les moins élevés.

L'anthropologue Peter Gray, dont les résultats ont été publiés dans la revue *Evolution and Human Behaviour*, rappelle qu'il a déjà été démontré que de gagner ou de perdre dans une compétition sportive peut affecter le niveau de testostérone; alors pourquoi pas la famille?

Croyez en Dieu et votre mariage s'en portera mieux!

Plus vous croyez en Dieu, plus vous serez satisfait de votre couple. Non, ce n'est pas un prêtre qui le dit, mais plutôt un scientifique de l'Université Laval. Quoique le prêtre approuverait sûrement...

Bien sûr, ce n'est pas parce que vous croyez en Dieu que vous vivrez nécessairement heureux en ménage. Ce que confirme plutôt l'étude de Joël Tremblay, publiée en 2002, c'est que les personnes très croyantes sont davantage satisfaites de leur relation de couple que celles qui ne croient que «modérément».

Pour obtenir ces résultats, le chercheur a soumis 134 couples à un questionnaire afin de connaître leur degré de croyance et leur niveau de satisfaction conjugale. «La différence de satisfaction n'est pas énorme, affirme Joël Tremblay, mais elle se voit clairement. Plus Dieu a une place importante dans un couple, plus le bien-être des deux membres augmente.»

Influence divine? En fait, il s'agirait plutôt d'une conséquence de l'utilisation de «stratégies religieuses d'adaptation». «Ces stratégies consistent, par exemple, à prier ou à assister aux offices religieux, explique Joël Tremblay. Et cela inclut tous les moyens d'aide ayant une composante religieuse: demander conseil à Dieu, se confesser, etc.» En utilisant ces stratégies plus souvent, les couples très religieux se donnent plus de moyens pour surmonter leurs épreuves.

Ces moyens n'ont pas le même effet chez les hommes que chez les femmes. Les hommes sont plus affectés par les stratégies positives, comme la prière, que les femmes. À l'inverse, chez les femmes, des stratégies négatives, comme la remise en question de l'existence de Dieu, font chuter leur taux de satisfaction plus rapidement.

Joël Tremblay s'est aussi intéressé au degré d'indépendance de chacun des membres du couple. Là aussi, il a trouvé un lien intéressant. «Nous avons observé que plus les gens se sentent différenciés, plus ils sont satisfaits de leur couple, et cela est surtout vrai chez les hommes. Une seule exception: cet aspect ne semble pas avoir d'effet chez les femmes très croyantes.»

Imaginons qu'un couple consulte un psychologue pour régler ses problèmes. «Si je sais que l'homme prie beaucoup, je serai rassuré, explique Joël Tremblay. Par contre, si la femme laisse entendre qu'elle a des doutes sur l'existence de Dieu, là, je m'inquiéterai un peu plus.»

Alors, quand ça va mal, priez!

CATHIE PEARSON

Bizarre, vous avez dit bizarre?

Mâles mamelles

Surprise : la quatrième chirurgie esthétique la plus pratiquée chez les hommes américains est désormais la... réduction des seins. Plus de 9000 ont été pratiquées aux États-Unis en 1998, plus du double du chiffre de 1994, selon la Société des chirurgiens plastiques. Une partie importante de la clientèle se trouve du côté des culturistes, chez qui l'usage abusif de stéroïdes anabolisants entraîne quelques effets inattendus. Le manque d'exercices associé à une mauvaise alimentation serait également une cause chez plusieurs « patients ». Mais il pourrait y avoir un troisième coupable : plusieurs polluants, dont les BPC, imiteraient les effets de l'œstrogène – l'hormone sexuelle féminine – et pourraient en conséquence provoquer le développement de poitrines masculines plus « généreuses ». Ce n'est pour l'instant qu'une hypothèse, mais il n'y a vraiment pas de quoi rire...

Attention aux musclés !

Pourquoi les stéroïdes anabolisants auraient-ils des effets inattendus (voir texte précédent) chez les sportifs ? Parce que ces produits miracles à la mode sont des dérivés de la testostérone, l'hormone de la masculinité (qui est normalement sécrétée par les testicules et, dans une moindre proportion, par les surrénales). Hélas, lorsqu'on prend régulièrement des stéroïdes anabolisants, l'organisme les prend pour de la testostérone. Voilà pourquoi d'inquiétants changements s'opèrent parfois sous le maillot. Les femmes deviennent plus agressives et poilues. Quant aux hommes, il finit par leur pousser des seins et leurs testicules s'atrophient, tout comme leur libido.

Vous avez bien dit «coureur»?

Il n'y a pas que les stéroïdes anabolisants qui posent problème. Même l'entraînement sportif soulève des questions. L'entraînement sportif fabrique-t-il de beaux mâles? Pas si sûr! Le physiologiste Garry Wheeler, du Département d'éducation physique de l'Université d'Alberta, a découvert que les hommes qui suivent un entraînement sportif intense produisent moins de testostérone – l'hormone sexuelle mâle – que ceux qui ne font rien. On savait déjà, par ailleurs, que, chez les athlètes de sexe féminin, l'entraînement diminue également la production d'hormones – femelles, celles-là – au point d'arrêter parfois leur cycle menstruel. Il semble que, passé un certain cap, l'exercice physique fasse plus de mal que de bien. Selon le chercheur albertain, on assiste même dans certains cas à un syndrome de dépendance à l'exercice physique.

L'homme est enceint

Surprise: les hommes subissent eux aussi des bouleversements hormonaux... lorsque leur compagne est enceinte! Et ces fluctuations s'étendent jusqu'au 9e mois!

Que les niveaux d'hormones augmentent et diminuent au gré de la gestation chez les femmes, on savait cela depuis longtemps. Mais une équipe de l'Université Memorial, à Terre-Neuve, a constaté que les niveaux de cortisol, de prolactine et de testostérone changeaient de façon significative pendant la grossesse de leur partenaire.

«Les variations de ces hormones sont évidemment supérieures chez les mères, mais le schéma est similaire chez les pères», explique Anne Storey, qui a dirigé l'étude. L'équipe a aussi noté des signes de «grossesse empathique» chez les futurs pères comme la fatigue, la perturbation de l'appétit ou le gain de poids. Mieux encore, bien que leur échantillon – le nombre de couples étudiés – soit petit, les chercheurs se risquent à avancer que la chute de testostérone après la naissance – en moyenne, de 33% – serait plus forte encore chez les pères... dotés d'un fort «sentiment paternel».

Que prenez-vous au petit-déjeuner?

Si votre conjoint (ou conjointe) insiste pour vous servir des Corn Flakes le matin, méfiez-vous. Peut-être est-il au courant de l'étrange et véritable histoire des Corn Flakes. Cela commence au 19e siècle. L'évangéliste Sylvester Graham, de la Nouvelle-Angleterre, proclame qu'une alimentation végétarienne réduit «les effets débilitants du sexe». Entre autres, elle aiderait à éloigner les gens de cette hantise du 19e siècle, la masturbation.

Cette propagande atteint un certain John Harvey Kellogg, lui aussi obsédé par le «vice solitaire». Il passe alors 20 ans de sa vie à mettre au point une céréale santé «antivice solitaire», qu'il nomma Granola. Plus tard, le frère de John ajoute du sucre à cette céréale et met sur pied la compagnie que nous connaissons maintenant.

En avoir ou pas

Le mâle de la souris des bois possède une caractéristique assez rare: ses testicules représentent 4,8% de son poids total. En comparaison, chez l'homme, elles pèsent environ une once et demi, et nous vous laissons faire le calcul du pourcentage vous-même.

Il y a une raison à cette différence de poids, disent les experts: chez la souris des bois, la femelle s'accouple avec de nombreux mâles, avec pour résultat que ceux-ci ont évolué au fil du temps vers une «capacité d'entreposage» du sperme plus importante. Une façon pour eux d'avoir toujours des réserves, si l'occasion se présente.

Or, ce n'est pas tout, a découvert en 2002 le biologiste britannique Harry Moore. Les spermatozoïdes de cette souris ont eux aussi une particularité : des hameçons à l'extrémité de leurs queues. Ces hameçons permettent aux spermatozoïdes de s'accrocher les uns aux autres, comme des wagons. Il peut ainsi y avoir des centaines, voire des milliers de tels wagons lorsque la «course» est engagée. Le biologiste de l'Université de Sheffield ne se risque pas à expliquer ce phénomène, qui défie la logique : les spermatozoïdes ont en effet tout intérêt à compétitionner – le premier arrivé décroche le gros lot – et non à s'entraider. Il est possible que d'autres mammifères, que l'on n'aurait pas étudiés sous cet angle, présentent le même phénomène.

Le plus vieux pénis du monde

Un coquillage fossilisé vieux de 100 millions d'années cachait une surprise : un pénis. Le plus vieux pénis jamais retrouvé sur Terre. Il a été mis au jour au Brésil à l'été 2002. Fossilisé lui aussi, bien sûr. Après 100 millions d'années, on ne s'attendait pas à autre chose.

Mais on ne s'attendait pas à en trouver un non plus : car un fossile est généralement un morceau d'os, et un pénis n'est pas avant tout composé de matière osseuse... Ce qu'il l'a sauvé, c'est le coquillage à l'intérieur duquel il se trouvait, qui a agi comme une coquille protectrice pendant cette longue éternité.

Et il est bien humble, ce vieux pénis : il fait un millimètre de long, ce qui s'accommode bien avec la bestiole qui le possédait, un humble crustacé appelé ostracode. Crustacé, soit dit en passant, qui est connu pour une étrange particularité : la plus grosse production de sperme en proportion de sa taille. Jusqu'à 10 fois son poids. Eh oui !

Le plus petit mâle du monde

Chez une espèce rare de pieuvre des mers du Sud appelée *Tremoctopus gelatus*, la vie sexuelle du mâle n'est pas de tout repos : celui-ci fait à peu près la taille d'une grosse noix, soit à peu près la grandeur... de l'œil de la femelle !

Madame pieuvre, chez cette espèce très particulière, est en effet 40 000 fois plus grande que son compagnon. Ou plutôt, ses compagnons, puisque cette espèce ne vit pas en couple... allez savoir pourquoi ! Compte tenu de sa taille minuscule et du fait que la femelle, toujours en mouvement, ne touche jamais le fond marin, le mâle passe l'essentiel de sa vie à chercher la femelle. En fait, toutes ses ressources sont consacrées au sexe, écrit sans rire Mark Norman, zoologiste marin au Musée Victoria de Melbourne (Australie).

La vie sexuelle du porc-épic

Vous connaissez la vieille blague : quand les porcs-épics font l'amour, ils ont intérêt à y aller doucement ! Eh bien, la blague est plus sérieuse qu'elle n'en a l'air. Les porcs-épics choisissent bel et bien leurs partenaires avec une grande prudence... mais pas pour les raisons qu'on imaginerait. Des chercheurs du Nevada ont constaté, au terme d'une étude de cinq ans, que les femelles choisissent les mâles en fonction de la taille de leurs épines : plus elles sont longues et pointues, mieux c'est !

Il faut savoir que la période d'accouplement des femelles n'est que de 40 jours par année. Elles n'ont qu'un bébé à la fois, qu'elles nourrissent pendant plus de trois mois, après une gestation de neuf mois. Elles peuvent donc se permettre de jouer les difficiles...

Sexe à pile

La raie est un poisson qui produit de l'électricité et qui est aussi capable de capter les infimes champs électriques émis par tout organisme vivant. Elle peut ainsi localiser facilement ses proies, même en eaux troubles. Or, voici que les biologistes viennent de découvrir que ce «sixième sens» sert aussi la raie dans ses rituels amoureux. Durant la saison des amours, en février et mars, les femelles disponibles s'empilent comme des crêpes au fond de la mer. D'autres, au contraire, s'enfouissent dans le sable dans le but, semble-t-il, d'éviter les mâles. Malgré ce stratagème, les mâles finissent par les découvrir. Est-ce grâce à leur détecteur de champ électrique? Pour le savoir, les chercheurs ont enfoui un morceau de plastique équipé d'un petit émetteur électrique. Qu'est-ce que les mâles ont fait, pensez-vous? Ils ont fait la cour à la «femelle» de plastique!

Trop baiser fait mourir jeune

L'accouplement chez les libellules dure de 15 à 60 minutes. Des scientifiques curieux ont observé que la copulation proprement dite ne durait pourtant qu'une minute. Que se passe-t-il le reste du temps? Le mâle s'affaire à nettoyer le réceptacle de la femelle! Coquetterie amoureuse? Non, jalousie! Le mâle procède ainsi pour effacer toute trace laissée par son concurrent précédent: il veut être certain que les œufs seront bien fécondés par son sperme à lui. Mais la femelle ne risque-t-elle pas d'avoir par la suite d'autres prétendants? Oui et c'est pourquoi, très souvent, le mâle reste accroché à la femelle longtemps après l'accouplement. Cette pratique est cependant risquée: un couple ainsi enlacé est une proie facile pour les grenouilles et les poissons...

Des ceintures de chasteté

Tout comme les chevaliers du Moyen Âge, les mâles de plusieurs espèces de mammifères imposent à leurs partenaires le port d'une «ceinture de chasteté». Il s'agit d'un bouchon de sperme qui durcit au contact de l'air et bouche l'orifice du vagin, ce qui empêche d'autres mâles de copuler. Mais la femelle de l'écureuil noir *(Sciurus niger)* a trouvé la clé. Moins de 30 secondes après le coït, elle fait tout simplement sauter le «bouchon de chasteté» avec un coup de ses puissantes incisives. Cela lui permet de profiter à fond de sa très courte vie amoureuse. En effet, elle n'est en rut que deux fois par année, chaque fois pour quelques heures seulement. La tactique de la femelle favorise également la diversité génétique de ses petits, ce qui a pour effet d'augmenter les chances de survie de sa portée.

Ma mère est une tumeur

La recherche sur les embryons ne cesse de surprendre. Voici des scientifiques qui ont créé un embryon de souris à partir d'une... tumeur. Ce faisant, ils ont peut-être fait le premier pas vers une stratégie inédite pour, un jour, combattre le cancer.

Il s'agit en vérité d'une banale expérience de clonage (eh oui, le clonage, du moins le clonage d'embryons, est devenu banal). Les chercheurs ont pris le bagage génétique contenu dans une cellule cancéreuse d'une souris, ont transféré ce bagage génétique (ce qu'on appelle l'ADN) dans un ovule vidé de son propre bagage génétique et ont inséminé cet ovule. L'embryon qui en a résulté était donc, en un sens, un clone de la souris originale, mais plus encore, un clone de sa tumeur cancéreuse.

À un détail près: l'embryon en question n'était plus porteur d'une tumeur. Comme si les modifications génétiques qui avaient transformé une cellule saine en une cellule cancéreuse avaient été mystérieusement effacées au moment du clonage.

En d'autres termes, l'ADN de la souris originale est en quelque sorte reparti à zéro. Il s'est «reprogrammé» – une expression que les biologistes ont empruntée aux informaticiens.

Y aurait-il là l'embryon – sans jeu de mots – d'un nouveau médicament contre le cancer? Tom Curran et James Morgan, de l'Hôpital St. Jude pour enfants de Memphis, au Tennessee, préviennent de ne pas s'emballer. À l'automne 2002, ils furent d'abord les premiers surpris que ce «clonage de tumeur» ait bel et bien donné un embryon. Ils sont évidemment encore plus surpris qu'il ait donné un embryon qui, au début du moins, était en bonne santé. «Personne ne l'avait prédit», a résumé Tom Curran dans le cadre du congrès annuel de la Société américaine des neurosciences à Orlando, en Floride.

Détail non négligeable: l'embryon en question a tout de même fini par mourir. Un gène mutant, anormal, sans rapport aucun avec la tumeur, a empêché sa croissance dans le ventre de maman. Les chercheurs ne se risquent pas à dire s'il s'agit d'un incident de parcours ou d'un accident directement lié à la technique de clonage elle-même. La réponse, peut-être, dans une future expérience...

Le mystère de l'embaumeur impuissant

Qu'est-ce qui peut faire qu'un entrepreneur de pompes funèbres perde un beau jour son désir sexuel, que ses testicules rapetissent et que des seins commencent à lui pousser? Son emploi, viennent de répondre les médecins d'un embaumeur américain affligé depuis 10 ans de ces pénibles symptômes. Les médecins ont d'abord cru que ces problèmes étaient causés par des troubles hormonaux. En analysant leur patient sous toutes ses coutures, ils ne trouvèrent rien de tel. Mais un beau jour, l'un des chercheurs eut l'idée d'analyser la crème dont l'embaumeur enduisait ses «clients». Surprise: il y trouva une substance aux propriétés semblables aux œstrogènes, des hormones féminines. Or l'imprudent croque-mort n'utilisait jamais de gants en appliquant cette crème. Après avoir quitté son emploi, il retrouva effectivement sa virilité!

Le sexe des anges

Aussi étonnant que cela paraisse, l'utilité de la sexualité demeure un mystère pour les biologistes. C'est que, de leur point de vue, le sexe, ça coûte cher: par rapport aux bactéries, par exemple, qui se reproduisent en se divisant, les espèces «sexuées», comme nous, nécessitent deux types d'individus (le mâle et la femelle, s'il faut tout vous dire). Cela veut dire deux fois plus d'ADN à mélanger... et deux fois plus de risques de transmettre des maladies héréditaires. Bref, la reproduction sans sexes semble beaucoup plus logique.

Par ailleurs, étant donné que les premiers milliards d'années de notre planète ont été dominés par des formes de vie qui se multipliaient sans qu'il soit nécessaire à un mâle de compter fleurette à une femelle, un biologiste a de bonnes raisons de se demander pourquoi, un jour, ce mode de reproduction «inefficace» s'est mis à se répandre et, surtout, à prendre le dessus.

Une nouvelle étude parue en 2002 dans la revue *Nature* (c'est loin d'être la première du genre) apporte une piste de solution. Des chercheurs de l'Université de Southampton (Angleterre) concluent tout bêtement que des bestioles sans sexe sont, littéralement, des copies conformes les unes des autres; toutes pareilles, elles ont toutes la même spécialisation «et, par conséquent, compétitionnent toutes pour la même nourriture». En revanche, n'importe quel groupe d'animaux a, lui, ses dominants et ses dominés, ceux qui chassent, ceux qui s'occupent des petits, et ainsi de suite.

Exprimé ainsi, cela semble évident et, pourtant, c'est une façon nouvelle d'approcher cette énigme. Car depuis 30 ans, les chercheurs réfléchissaient essentiellement en termes de sexualité versus non-sexualité. Le groupe, sous la direction de C. Patrick Doncaster, a élargi la perspective. Il a voulu établir, avec l'aide d'un modèle informatique, comment des espèces «sexuées» et «asexuées» survivraient dans un environnement pauvre en nourriture. Et c'est là que le soi-disant avantage des espèces sans sexe est apparu soudain moins important: la «monotonie des clones», comme *Nature* l'appelle, les empêche de prendre le dessus. Ils survivent, ils se multiplient, mais c'est tout. La monotone absence de variété chez eux les empêche de surclasser les espèces-à-sexes, comme nous. Ouf!

Six sexes de différence

Le monde est petit. Mais les amoureux ne se rendent pas compte à quel point il est petit. D'un individu à l'autre, il n'y aurait que six sexes de différence.

Explication. Depuis un bout de temps maintenant, on a coutume de dire que chacun de nous est à six personnes de n'importe quelle autre personne vivant sur Terre. C'est le concept des «six degrés de séparation»: vous avez un ami A qui a un ami B qui a un collègue C qui a une relation D qui travaille avec E... Si vous étiez capable de dessiner ce que représente un tel réseau jusqu'à l'individu F, et ce pour tous ceux qui vous entourent, vous vous retrouveriez avec, sous les yeux, une gigantesque toile d'araignée, qui rejoindrait les 6 milliards d'êtres humains.

Du moins, c'est le concept énoncé pour la première fois dans une pièce intitulée *Six Degrees of Separation*, par l'auteur John Guare, et repris, depuis, dans de multiples livres, articles et conférences.

Et si ce concept s'appliquait aussi aux relations intimes? Frederik Liljeros et ses collègues de l'Université de Stockholm, en Suède, ont voulu vérifier et se sont attelés à la difficile tâche de tracer cette toile d'araignée des contacts sexuels de quelque 2 800 Suédois de 18 à 74 ans. Un travail de moine, si l'on peut dire, qui les a conduits à élaborer un véritable modèle mathématique. (Qui a osé dire que les maths ne parlaient que de choses ennuyeuses?)

Leur conclusion ne prétend pas révolutionner les maths: en fait, leur article, paru en juin 2001 dans la revue *Nature,* n'est pas à proprement parler un article scientifique complet, mais quelque chose de plus préliminaire, classé par *Nature* parmi les «brèves communications». Mais le sujet n'en a pas moins fait le tour du monde en moins de temps qu'il n'en faut pour compter jusqu'à six.

Car en plus de faire sourire, il y a une application pratique, écrivent les chercheurs – trois sociologues suédois et deux physiciens américains. Les individus sexuellement les plus actifs sont de véritables «nœuds» de communication, comme les nœuds d'une toile d'araignée. Des carrefours, si vous préférez. Et ces individus-là devraient être doublement – triplement, quadruplement... sextuplement – la cible des nombreuses campagnes de prévention sur les relations sexuelles protégées...

Le sexe de l'émotion

Si hommes et femmes réagissent différemment aux émotions, c'est peut-être parce que celles-ci empruntent des chemins différents dans leurs cerveaux.

En présentant à 12 hommes et 12 femmes diverses images, des scientifiques de l'Université Stanford (Californie) ont analysé ce qui se passait dans leurs cerveaux. Ils ont pu observer d'importantes variations. En particulier, les images les plus difficiles émotivement – des corps mutilés – provoquaient une activité dans neuf régions du cerveau chez les femmes, contre seulement deux chez les hommes. Il s'agit de régions associées aux émotions et à la mémoire.

Qui plus est, trois semaines après ces tests, les «cobayes» ont subi un examen-surprise, où on leur demandait de décrire les images qui leur avaient été présentées. Les femmes ont battu à plates coutures les hommes.

Tout cela suggérerait, selon les chercheurs, que le processus mental des femmes, lorsqu'elles font face aux émotions, serait plus efficace que celui des hommes.

Est-ce un autre de ces cas d'hémisphère gauche versus hémisphère droit? Il y a longtemps que les neurologues savent que les hommes ont moins de connections entre les deux hémisphères de leur cerveau. Or, dans la mesure où une émotion est prise en charge par l'hémisphère droit et où le langage a son siège dans l'hémisphère gauche, le fait d'avoir deux hémisphères qui communiquent davantage explique peut-être pourquoi les femmes trouvent moins difficile de parler de leurs émotions...

Sélection sexuelle

L'homosexualité peut être opportuniste, même chez les animaux. À travers le monde, des observations s'accumulent sur des bestioles qui choisissent d'avoir temporairement des relations avec un individu du même sexe, pour le plaisir ou pour la protection.

C'est le cas des macaques du Japon. Un psychologue de l'Université de Lethbridge (Alberta), Paul Vasey, a étudié un groupe de 120 d'entre eux dans les montagnes près de Kyoto. Les femelles macaques, a-t-il constaté, fraternisent «surtout» avec d'autres femelles, faisant vie commune – manger, dormir, s'épouiller et se caresser en prime. Qui plus est, neuf fois sur dix, elles chassent les mâles qui tentent de s'accoupler. Ce qui étonne encore plus le chercheur, c'est que cette façon de faire ne semble pas diminuer la probabilité que ces femelles aient des bébés.

De semblables comportements ont été jusqu'ici observés chez au moins 14 autres espèces, selon une revue de la situation publiée dans *Nature* au début de 2003, dont l'oie blanche du Canada. Ces comportements homosexuels étaient jadis décrits comme l'exception plutôt que la règle, mais le fardeau de la preuve est en train de déplacer la balance dans l'autre sens. Pour la biologiste de l'évolution Joan Roughgarden, de l'Université Stanford, «les aspects fondamentaux de la biologie évolution-naire sont incorrects»: l'accouplement n'aurait pas pour but premier de produire une descendance, mais de construire et d'affermir des relations.

Une forme de sélection sociale, en quelque sorte. À ne pas confondre avec la sélection naturelle de notre cher Darwin.

Au programme ce soir

Apparemment frustré par les échecs des nombreuses politiques de contrôle des naissances, le ministre indien de la Santé a tenté d'accoucher, en 2002, d'une nouvelle stratégie: distribuer des postes de télévision à la population. Il pensait ainsi avoir trouvé un moyen de «détourner l'attention» des amoureux par les longues soirées d'été...

Une proposition burlesque et coûteuse, a clamé l'opposition. Une attitude qui trahit un mépris envers les populations les plus pauvres du pays et qui assimile l'acte sexuel... à un simple divertissement.

Ce bébé est-il breveté?

Une université américaine a obtenu un brevet qui pourrait, tel qu'il est formulé, lui donner des droits sur un bébé né par clonage.

Le brevet en question concerne une méthode permettant de transformer un ovule en embryon, sans avoir à le fertiliser par un spermatozoïde. Jusque-là, rien que de très classique; c'est une méthode parmi plusieurs du genre qu'expérimentent divers laboratoires à travers le monde.

Là où ça se complique, c'est dans la description de cette méthode, dans les paragraphes où les scientifiques de l'Université du Missouri expliquent que cette technique permettrait en théorie de produire des clones de mammifères. Ce faisant, ils n'excluent pas spécifiquement le clonage humain. Et ce n'est pas un simple oubli, puisque la demande de brevet mentionne bel et bien la possibilité d'utiliser des ovules humains.

Le brevet a été obtenu en avril 2001, mais il a fallu plus d'un an avant qu'un groupe d'opposants au clonage humain n'apprenne son existence.

Un sénateur américain qui a mené la charge en 2001-2002 contre le clonage humain, Sam Brownback, républicain du Kansas, a annoncé son intention de déposer un projet de loi interdisant le dépôt de tout brevet concernant des embryons humains. Ce projet de loi se veut distinct de celui que ce même sénateur pilote depuis 2002 et qui vise, lui, à interdire toute forme de clonage humain – aussi bien le clonage d'une personne que le clonage de simples cellules à des fins médicales.

Le fait que ce débat sur le clonage s'étende aux brevets ne devrait pas étonner. Le Bureau américain des brevets est depuis longtemps confronté à des scientifiques qui cherchent à breveter tout ce qui bouge dans leurs éprouvettes – et, plus souvent encore, tout ce qui n'a pas encore bougé, mais le pourrait un jour... Y compris des groupes de cellules qui pourraient avoir des applications médicales; des cellules qui ne pourront jamais se développer pour former une personne, mais qui ont tout de même bien besoin d'être clonées, si on veut qu'elles servent à quelque chose.

S'ajoute à cela le fait que les États-Unis, en dépit de leur opposition farouche à toute forme de clonage, ont tout de même été le pays le plus libéral en matière de brevets sur des êtres vivants... depuis pas moins de 20 ans! En 1980, une décision de la Cour suprême autorisait le premier brevet sur un microbe qui avait été génétiquement modifié dans l'espoir qu'il dévore des nappes de pétrole. Aujourd'hui, il existe des brevets sur des animaux plus complexes, comme cette souris génétiquement modifiée que l'on dit plus apte à combattre le cancer (et pour laquelle la Cour suprême du Canada a refusé que soit octroyé un brevet sur le territoire canadien). Il existe aussi d'ores et déjà des brevets sur des gènes humains que l'on dit aptes à combattre ceci ou cela. Et il existe un brevet à l'Université du Wisconsin sur une famille particulière de cellules-souches humaines, autrement dit des cellules prélevées sur un embryon humain. Bref, le brevet de l'Université du Missouri sur des clones humains n'était qu'une étape de plus.

Et quelle sera l'étape suivante...?

Nez d'amour

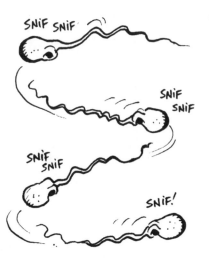

Le septième ciel en aérosol

U n reniflement rapide pourrait faire des merveilles dans votre vie sexuelle. Un pulvérisateur nasal aphrodisiaque plus efficace encore que le Viagra – à ce qu'on dit – a été mis au point par des chercheurs américains. Des essais cliniques sur des animaux et des personnes auraient prouvé que ce médicament expérimental, le PT-141, conçu par Palatin Technologies à Edison, au New Jersey, peut stimuler le désir et l'éveil sexuel des deux sexes. Sauf qu'à la différence du Viagra, le PT-141 cible le cerveau plutôt que les organes sexuels. En réalité, il s'agit d'une copie synthétique d'une hormone qui, à l'état naturel, stimule notre appétit sexuel. Ainsi, 10 à 15 minutes après une injection nasale de PT-141, la drogue active des récepteurs dans la région du cerveau appelée hypothalamus, ce qui déclenche, tel un effet domino, l'activation des autres hormones sexuelles. Selon la neurologue Annette Shadiack, qui dirige la recherche biologique chez Palatin, les essais cliniques devaient commencer en 2002, aussi bien chez les hommes que chez les femmes.

Sentez votre partenaire

Longtemps, on a cru que seuls certains animaux émettaient des phéromones, ces substances chimiques qui jouent, entre autres, un rôle d'excitant sexuel. Depuis peu, il est établi que les humains en émettent aussi, dans certaines circonstances ; mais personne n'en a jamais senti, au point que les scientifiques hésitent même à définir une phéromone comme une «odeur», et personne n'a non plus été en mesure d'établir qui en émet, dans quelles circonstances et pourquoi.

Mais cela pourrait peut-être changer, avec le «nez électronique» qu'ont mis au point des chercheurs allemands. Celui-ci est parvenu à détecter des phéromones émises par des souris et, mieux encore, des phéromones que ces dames émettent lorsqu'elles ont choisi un mâle «génétiquement compatible». Il semble en effet que les rongeurs soient capables, en sentant leur partenaire potentiel, de distinguer ceux qui ont le même groupe de gènes MHC, des gènes dont la tâche est de produire des protéines pour le système immunitaire – donc, des gènes qui protégeront leurs enfants de diverses maladies. Plusieurs scientifiques doutent que cette découverte puisse s'appliquer aux humains, ne serait-ce qu'en raison des parfums, déodorants et autres savons que nous utilisons et qui masquent l'éventuelle odeur de ces gènes. Mais d'aucuns rêvent déjà de la possibilité que plusieurs divorces aient pu être demandés pour une question de nez...

Phéromones humaines

Comme chacun sait, dans la nature, les animaux mâles peuvent sentir que la femelle est dans sa phase «féconde», alors que les humains semblent avoir perdu cette capacité. Eh bien, peut-être pas, selon une étude étrange menée récemment à l'Université du Texas. Deux chercheurs ont fait dormir 18 étudiantes avec le même t-shirt pendant plusieurs jours, durant leur phase d'ovulation, puis en dehors de cette période. Ils ont ensuite fait renifler à 52 jeunes hommes ces 18 maillots. Dans 75% des cas, les hommes ont préféré l'odeur des t-shirts portés pendant la phase d'ovulation.

Toutefois, la chose est peut-être plus subtile qu'elle en a l'air, puisqu'une autre étude, menée au Nouveau-Mexique et portant cette fois sur l'odeur des femmes elles-mêmes, arrive à la conclusion que les hommes n'ont rien senti. Les auteurs de la première étude demeurent convaincus que quelque chose peut bel et bien être «reniflé», encore que cela ne s'applique peut-être qu'à des circonstances très particulières, qui n'ont pas encore été clairement définies.

Radar olfactif

Pourquoi les serpents ont-ils la langue fourchue ? Selon le biologiste et spécialiste de l'évolution Kurt Schwenk, cela aide les serpents à mieux repérer leurs proies et à trouver l'élue de leur cœur. Cette particularité de leur anatomie leur permet en effet de percevoir les odeurs en « stéréo » (tout comme nous le faisons pour les sons grâce à nos deux oreilles). Chacune des deux extrémités de leur langue est capable de capter, indépendamment de l'autre, les molécules odoriférantes dans l'air. Lorsque le serpent rentre sa langue dans sa gueule, chaque pointe se met au contact d'un minuscule organe sensoriel qui analyse cette odeur et la relaie au cerveau. Si une même odeur est plus intense d'un côté que de l'autre, le serpent en déduit qu'elle provient de ce côté. Cette faculté s'avère très utile à la saison des amours. Les reptiles, qui vivent fort dispersés, auraient peu de chances de se rencontrer s'ils ne possédaient ce « radar » olfactif.

Le sexe et le nez

Les cellules nerveuses qui orchestrent le développement sexuel chez les humains commencent leur vie dans le nez de l'embryon. C'est seulement lors du développement du fœtus que ces cellules quittent le nez et se déplacent le long du nerf olfactif pour se fixer à l'intérieur du cerveau. Ce sont ces cellules qui produiront l'hormone qui déclenche la puberté. La parenté embryonnaire de ces cellules avec le nez relance le débat sur les odeurs et le sexe. Chez les insectes, c'est bien connu, le sens olfactif joue un rôle important dans le comportement sexuel. Chez l'être humain, les indices s'accumulent quant à l'influence des odeurs sur les désirs et comportements sexuels.

C'est essentiel, un homme

La sexualité humaine, tout comme celle des insectes et des mammifères, serait très influencée par les odeurs corporelles. Mieux, l'odeur d'un homme contribuerait à maintenir le système reproducteur féminin en santé! Pendant trois mois, des chercheurs du Monelle Chemical Senses Center et de l'Université de Pennsylvanie ont recueilli la sueur de volontaires et l'ont mélangée à de l'alcool, avant de l'appliquer sur la lèvre supérieure de six femmes sexuellement inactives et aux prises avec un cycle irrégulier. Toutes ont vu leur cycle tendre à se normaliser autour de 29,5 jours.

Dans une étude précédente, les mêmes chercheurs avaient noté l'effet régularisateur de relations sexuelles régulières sur le cycle féminin. Leur récente recherche suggère que la seule présence (odeur?) d'un mâle suffit et que le coït n'est pas indispensable.

Quoi qu'il en soit, comme un cycle régulier réduit les risques d'infertilité et facilite la ménopause, les chercheurs n'hésitent pas à avancer qu'une présence masculine est essentielle à la santé des femmes. Reste à vérifier si les spermatozoïdes répondent aussi favorablement aux odeurs féminines.

Parfum de femme...

Une douce odeur d'amandes ou de roses qui flotte dans l'air n'a pas seulement des vertus romantiques... Ce serait aussi un moyen pour les femmes de soulager la douleur!

Serge Marchand et Pierre Arsenault, de l'Université du Québec en Abitibi-Témiscamingue, ont produit une étude sur l'effet des odeurs sur la douleur. Vingt hommes et 20 femmes ont dû garder leurs mains immergées dans de l'eau très chaude, aussi longtemps que possible, pendant qu'ils sentaient des odeurs variées.

Surprise: les femmes ressentaient beaucoup moins de douleur quand il y avait des arômes agréables, comme de l'extrait d'amandes. Les odeurs nauséabondes, comme le vinaigre, en revanche, intensifiaient légèrement leur mal.

Autre surprise: chez les hommes, la douleur ressentie n'était pas affectée du tout par les odeurs.

Il n'y avait pas de différence dans l'intensité des parfums perçue par chacun, et tout le monde avait l'humeur plus légère quand il y avait de bonnes odeurs.

On sait depuis longtemps que les femmes sont plus sensibles aux odeurs que les hommes et qu'elles ont un seuil de tolérance moins élevé à la douleur. Mais cela ne peut pas expliquer pourquoi seules les femmes ressentent un soulagement quand elles sentent des parfums agréables.

Pour l'instant, les explications scientifiques face à ce phénomène ne sont que des hypothèses. Mais il est probable que la réponse se trouve dans une région de nos cerveaux responsable de la perception des odeurs.

Ce qui est certain, c'est que les scientifiques veulent poursuivre leur recherche. La prochaine étape sera la douleur postopératoire, afin de savoir si cette découverte peut avoir des applications cliniques. L'étude portera plus précisément sur la douleur que provoquent certaines opérations chirurgicales.

ÉMILIE BLANCHET

Tout sur
le technosexe...

Le bouton de l'orgasme

Non, le titre n'est pas trompeur. Il dit bien ce qu'il veut dire. Appuyez sur un bouton, et le tour est joué.

La première étape consiste à implanter sous la peau un bidule électronique dont les caractéristiques n'ont pas été dévoilées par son créateur. Ensuite, à distance – au moyen d'une banale télécommande –, il suffit d'allumer le bidule, afin qu'il envoie un signal électrique approprié. La découverte a été faite au début de 2001, un peu par hasard, alors que le Dr Stuart Meloy, spécialiste de la douleur en Caroline du Nord, tentait de mettre au point cet implant afin qu'il envoie dans la colonne vertébrale un signal électrique capable d'atténuer la douleur – par exemple, pendant une chirurgie.

Le Dr Meloy a raconté à la BBC qu'il expérimentait sur des patientes différents endroits où placer les électrodes et différentes variations de la décharge électrique, lorsque soudain, la femme s'est mise à réagir avec énergie. Je lui ai demandé ce qui se passait et elle m'a dit : « Vous allez devoir enseigner à mon mari comment faire ça. »

Chez toi ou chez moi ?

Après l'enseignement à distance, voici... le sexe à distance! On chuchote à ce sujet depuis quelques années, avec la montée en puissance de la réalité virtuelle, mais un Australien, Dominic Choy, vient de déposer un brevet pour une machine qui promet de remplacer l'acte par une expérience « robotisée et en ligne ».

Ce qu'il propose, c'est un mannequin flexible recouvert d'une imitation de peau, dont bras et jambes peuvent remuer, soit en réponse à des commandes lancées via Internet, soit en réponse au toucher – la peau cache une série de détecteurs tactiles et sonores. À partir de là, deux personnes situées à des milliers de kilomètres l'une de l'autre peuvent se toucher – façon de parler – par mannequins interposés, grâce à la magie d'Internet.

Ayant jugé que regarder un mannequin risque de détruire le charme, on propose également de porter un casque de réalité virtuelle, qui permet de voir la personne avec qui on est en train de, hum! interagir.

Le sexe au téléphone

Une étude démontre que le téléphone cellulaire, ou portable, est pour les hommes un puissant objet... sexuel.

Objet de parade sexuelle, plus exactement. Ce qui signifie qu'on le porte, pas tant parce qu'il est utile, que parce qu'on tient à être vu avec. À tel point que les deux chercheurs de l'Université de Liverpool (Angleterre) qui sont derrière cette étude ont pu constater qu'une proportion indéterminée de porteurs de cellulaires portaient en réalité... de faux téléphones. Leur étude, parue en novembre 2000 dans la revue *Human Nature*, a nécessité en particulier l'observation, pendant quatre mois, de la faune des pubs britanniques. Selon ces observations, 32% des hommes, contre seulement 16% des femmes, exhibent leur téléphone. Ce qui signifie qu'au lieu de le porter dans un sac à dos, une mallette ou leur poche, ils le portent bien en vue à la ceinture ou le déposent ostensiblement sur la table.

Mieux encore, les femmes l'utilisent comme un téléphone, alors que les hommes le touchent, le retournent, appuient sur les différentes touches... Enfin, les deux chercheurs, John Lycett et

Robin Dunbar, ajoutent que plus la proportion d'hommes augmente dans les parages, plus ils ont tendance à sortir leur téléphone et à jouer avec. Un comportement qui se rapproche – la comparaison est celle des chercheurs, c'est écrit noir sur blanc – de celui des paons: plus il y a de mâles dans les parages, plus ceux-ci exhibent leurs plumes afin de séduire la femelle.

Une montre pour enfanter

Si déterminer le moment exact de votre ovulation est un casse-tête, achetez-vous une montre. Du moins, la montre que prévoit commercialiser la compagnie canadienne Pheromone Sciences et qui indiquerait aux femmes, assure-t-on, le moment où elles sont le plus fertiles. Cette trouvaille déterminerait, quatre jours à l'avance, le meilleur moment de fertilité chez la femme. Le secret: un microprocesseur dont le détecteur chimique mesure le changement d'acidité dans la sueur et indique le niveau d'hormones. La compagnie assure pouvoir prédire correctement le moment de l'ovulation dans 76% des cas.

L'invincible condom

Le condom invisible, ça vous dit quelque chose? Le Centre de recherche en infectiologie (CRI) de l'Université Laval tente maintenant d'en améliorer les propriétés en y ajoutant une substance chimique qui mettrait K.-O. le virus du sida.

Il y a quelques années, l'équipe du Dr Michel Bergeron, du CRI, annonçait la création de ce condom révolutionnaire, sous la forme d'un liquide se solidifiant en gel à la température du corps. On le juge invisible puisque c'est la femme qui le porte: il suffit de répandre le liquide à l'intérieur du vagin à l'aide d'une sorte de seringue spéciale percée de plusieurs trous.

Pour augmenter l'efficacité du condom contre la transmission d'infections par contact sexuel, l'équipe du Dr Bergeron a pensé y ajouter un microbicide, le laurylsulfate de sodium. En plus de prévenir les infections au virus de l'herpès, ce produit chimique, d'abord utilisé en laboratoire pour séparer des protéines, empêcherait le VIH de s'accrocher à la paroi vaginale. Et ainsi, le virus ne pourrait plus infecter la femme.

L'équipe songe éventuellement à recruter des prostituées pour réaliser les premiers essais cliniques. «Il vaut mieux procéder à ces essais chez une population à haut risque de contracter le sida pour réellement démontrer l'efficacité du microbicide. C'est pourquoi nous avons pensé à cette solution, comme déjà d'autres équipes internationales l'ont fait avec des prostituées africaines par exemple», explique Jocelyne Piret, membre du groupe de chercheurs.

Après la phase I des essais cliniques (2001-2002), pour étudier la toxicité du produit, on devait effectuer de nouveaux tests afin de démontrer l'efficacité du laurylsulfate auprès des femmes. Jusqu'alors, seuls des essais *in vitro* avaient été réalisés concernant la sensibilité du VIH à ce microbicide.

ANOUK GINGRAS

Fils de pub!

Depuis la publication, dans les années 1960 et 1970, d'études sur l'utilisation d'images subliminales dans la publicité, des millions de gens ont cherché l'homme nu caché dans le logo des cigarettes Camel ou le mot «sex» épelé dans les cubes de glace d'une annonce de spiritueux. Sauf que personne n'avait pu prouver que ces messages «cachés» existaient réellement.

Aujourd'hui, leur utilisation est devenue chose courante.

Comme le rapporte Adam Lehner dans le cyber-magazine *Slate* (http://www.slate.com), des rafales d'images ne faisant pas plus d'une à trois trames apparaissent régulièrement dans la publicité des souliers de course, des émissions de télé, des compagnies de logiciels, voire des fonds mutuels.

Un exemple de cette technique est apparu à la fin des années 1990 dans une publicité de Reebok qui présente une femme qui vient tout juste de terminer une longue course. Au moment même où nous voyons l'athlète épuisée s'étirer, un clip de deux trames de cette même femme, arborant une expression reposée et satisfaite, apparaît à l'écran. Un clip qui envoie du même coup un message de tranquillité et de triomphe au téléspectateur – du moins, c'est ce qu'espèrent ceux qui ont inséré cette image. Dans une publicité pour le Microsoft Network, un écran déroulant d'ordinateur fait apparaître pendant une fraction de seconde un message faisant la promotion de la liberté d'expression sur Internet.

Alors qu'il y a 30 ans, la publicité subliminale faisait grimper au plafond les consommateurs qui s'estimaient manipulés, celle d'aujourd'hui ne retient que peu l'attention du public. Les gens ont moins peur de la publicité, explique Lehner, parce qu'ils se considèrent comme prévenus des ruses de l'industrie.

Il faut de plus souligner que les scientifiques sont partagés sur l'impact des images subliminales. La plupart s'entendent pour dire qu'elles n'ont pas l'effet dévastateur qu'on leur imputait il y a 30 ans, lorsqu'un Brian Key publiait des ouvrages aux titres révélateurs : *Subliminal Seduction* et *Media Sexploitation*. Plusieurs études, depuis, en sont arrivées à la conclusion qu'au pire, les images subliminales n'auraient un effet que chez ceux qui étaient déjà convaincus.

Le secret d'une pub télé réussie

Le sexe ne contribue peut-être pas à faire vendre davantage de produits, mais la bande sonore, oui. Deux chercheurs américains en arrivent à cette conclusion après s'être attaqués à un sujet qui ne leur a pas demandé beaucoup de déplacements : les publicités télévisées.

Ce qu'ils concluent, et ça n'étonnera personne, c'est que les téléspectateurs seraient moins nombreux à se souvenir du produit dont il est question dans la publicité, si celle-ci survient pendant un programme qui offre un «contenu sexuel». Autrement dit, leur attention est plutôt dirigée vers autre chose...

«Tout ce qui vous conduit à porter moins d'attention, pour un annonceur, ce n'est pas bien», explique sans rire Brad Bushman, de l'Université d'État de l'Iowa, dont la recherche est parue en 2002 dans le *Journal of Applied Psychology*. Les programmes violents semblent avoir le même effet «négatif» sur la publicité. En revanche, rien de plus efficace qu'une bonne bande sonore.

À quand la première grossesse artificielle ?

La technologie et la médecine ont à ce point progressé, depuis 20 ans, qu'elles ont permis la naissance de fœtus âgés d'à peine 24 semaines. Jusqu'où irons-nous sur cette voie ? Une grossesse entièrement artificielle sera-t-elle bientôt envisageable ?

Certainement pas bientôt, parce que le chemin entre une grossesse de 24 semaines et pas de grossesse du tout est encore très long. Mais qui sait ? En théorie, avec les technologies actuellement à notre disposition, on pourrait faire vivre un embryon âgé de seulement 20 semaines.

Ceux qui travaillent à améliorer ces technologies assurent que leur objectif n'est pas d'en arriver à un embryon qui pourrait croître en laboratoire, mais plutôt de sauver un maximum de vies. Mais même ainsi, cela pose d'ores et déjà des dilemmes éthiques : personne ne peut prédire quels seront les dommages que devra endurer, à long terme, un petit être né aussi prématurément. Depuis longtemps, on sait que leurs poumons, avant le huitième mois, ne sont pas entièrement formés, ce qui entraîne des problèmes respiratoires. Voilà que l'on constate que ceux qui sont vraiment très prématurés – comme ces bébés de 24 semaines – courent davantage de risques de finir avec des retards mentaux. Et les problèmes respiratoires sont encore plus criants chez eux, bien qu'on arrive de mieux en mieux à les combattre.

Si on voulait tenter de sauver des bébés de moins de 20 semaines, on quitterait le territoire des problèmes respiratoires pour pénétrer dans celui des problèmes sanguins. Avant 20 semaines en effet, les vaisseaux sont trop petits pour accepter les cathéters. Et les anticoagulants, indispensables si on pratique une quelconque intervention chirurgicale, ne sont pas acceptés par des organes aussi prématurés. Il faudrait donc élaborer d'autres stratégies. Là aussi, des experts de plusieurs horizons y travaillent.

Un utérus entièrement artificiel ? C'est ce qu'Aldous Huxley imaginait dans *Le Meilleur des mondes*. La réalité s'approche-t-elle lentement de la fiction ?

Le sexisme
sous le microscope

Le sexisme est une maladie

U n bon coup de marteau sur la tête d'un macho... et ses comportements sexistes pourraient disparaître. Du moins, si le coup est asséné avec une très grande précision. Il se trouve que, selon une étude neurologique, les préjugés sexistes résideraient dans une région très précise du cerveau, appelée le cortex préfrontal ventromédial. Et qu'en conséquence, des dommages à cette partie du cerveau pourraient en théorie priver la «victime» de ses préjugés. Les auteurs de l'étude, parue en 2002 dans le *Journal of Neuroscience*, en sont arrivés à cette conclusion en examinant les réactions de patients victimes de lésions dans cette partie du cerveau. Les chercheurs se gardent bien, toutefois, de conclure qu'un traitement serait possible. Le sexisme ne serait qu'un des traits, et pas le moindre, des victimes de telles lésions.

Les ravages du sexisme

Le sexisme fait mal. Il peut même conduire des étudiantes en mathématiques à avoir de moins bonnes notes aux examens! C'est du moins ce qu'affirme Paul Davies, de l'Université de Waterloo (Ontario), après avoir fait subir un même test de mathématiques à 60 de ces étudiants, hommes et femmes. Les femmes qui avaient vu au préalable deux publicités sexistes ont systématiquement moins bien réussi le test que les autres. Les créateurs de pubs n'ont sans doute jamais imaginé qu'ils avaient autant d'influence...

Pin-up à la une

Honte aux magazines qui mettent des femmes dénudées sur leur page couverture pour titiller le lecteur. Jocelyn Clark, étudiant au doctorat à l'Université de Toronto, a pondu une analyse d'une année complète de ces pages couvertures «sexistes et offensantes». Et elle ne s'est pas penchée sur *Playboy*, mais sur... le *Journal de l'Association médicale américaine*.

Le «JAMA», comme l'appellent les médecins, est l'une des plus prestigieuses revues savantes du domaine médical. Depuis les années 1960, le JAMA a l'habitude de publier sur sa page couverture des œuvres d'artistes, plutôt que du texte, comme le font plusieurs revues savantes. Ce qui a irrité Jocelyn Clark, qui travaille aussi au Centre de recherches sur la santé des femmes, c'est qu'alors que ces illustrations présentent plus souvent qu'autrement les femmes comme objets de désir, elles présentent presque toujours les hommes comme des personnages cultivés ou en position d'autorité. À quand un numéro spécial «bikini»?

La douce moitié
ou le gros bout du bâton?

Les femmes vivant dans une région où les lois du divorce leur sont favorables ont un plus grand pouvoir de négociation dans leur couple. Et il en est de même là où elles sont en minorité.

Davantage de pouvoir de négociation, cela veut dire que les femmes pourront consacrer moins d'heures au travail rémunéré que leurs maris et obtenir d'eux une plus grande part des revenus familiaux.

Une vision froidement économique des relations de couples, mais qui s'inspire, à la base, d'un modèle élaboré par nul autre que le Prix Nobel d'économie 1994, John Forbes Nash, ce mathématicien auquel est consacré le film *Un homme d'exception*. Il s'agit du modèle dit «de jeux coopératifs», qui permet de représenter, de façon mathématique, les possibilités de gains qu'ont divers intervenants, compte tenu de leurs pouvoirs de négociation respectifs.

Or, voilà que trois économistes ont décidé d'élaborer un tel modèle afin de percer ce mystère qu'est la règle de partage au sein des couples. Bernard Fortin et Guy Lacroix, de l'Université Laval, ainsi que Pierre-André Chiappori, de l'Université de Chicago, se sont appuyés pour cela sur des données provenant de 1 600 ménages américains. Pour déterminer à quel point les lois sur le divorce étaient favorables – ou non – à la femme dans chaque État étudié, les chercheurs ont établi une échelle de 1 à 4, ce dernier étant le plus favorable.

Leurs analyses montrent qu'un gain d'un point sur cette échelle se traduit par une augmentation annuelle de 4 310 $ du montant transféré par les hommes à leurs conjointes, ainsi que par une réduction moyenne de 46 heures de travail par an chez les femmes.

Par ailleurs, une hausse de 1 % du nombre d'hommes dans une population donnée de même âge et de même race, plaçant donc les femmes en minorité, entraîne une augmentation de 2 163 $ par année des transferts des hommes à leurs conjointes et une diminution de 18 heures de travail par année chez les femmes.

Les trois chercheurs expliquent leurs résultats par le fait qu'en cas de divorce, les femmes seraient tout de même favorisées par le partage des biens et le prélèvement des pensions alimentaires ; et le surnombre d'hommes sur le «marché du mariage» leur permettrait un peu plus facilement de remplacer les ex-conjoints. Ce modèle économique pourrait en théorie être utilisé afin d'évaluer l'impact potentiel de futures politiques sociales. Pour autant qu'il ne soulève pas les hauts cris parmi les groupes féministes... et antiféministes.

LISA NOLET

La femme fut l'avenir de l'homme

La vision traditionnelle veut que la chasse ait été l'élément déterminant dans l'évolution qui a conduit des hommes préhistoriques jusqu'à nous : plus le mâle était bon chasseur, plus sa tribu avait des chances de survie. Or, voilà que de plus en plus de préhistoriens se demandent si ce ne serait pas le contraire ; si ce ne serait pas plutôt la femme et ses talents de cueilleuse qui auraient été l'élément déterminant.

Tous les enfants ont vu ces images de semi-humains, à peine dressés sur leurs pattes de derrière qui, il y a deux millions d'années, auraient commencé à chasser pour se nourrir. Le fait de tailler des pierres, de s'armer de gourdins et d'apprendre à chasser aurait fourni à nos lointains ancêtres une alimentation plus riche en protéines et leur aurait ainsi donné l'élan dont ils avaient besoin pour conquérir le monde.

Pas si vite, contestent de plus en plus d'anthropologues! Certes, les restes de repas découverts sur de multiples sites ont démontré que les australopithèques d'il y a deux à trois millions d'années, suivis par l'*Homo Erectus* du dernier million d'années, ont mangé davantage de viande que leurs ancêtres. Alimentation à laquelle se sont progressivement adaptées leurs mâchoires et leurs dents. Qui plus est, ce scénario s'ajuste bien à celui de la famille nucléaire, où l'homme chasse tandis que la femme ramasse des fruits et s'occupe des enfants.

Mais on n'est plus aussi sûr que le mâle ait appris à chasser aussi vite et avec une pareille efficacité. Les sites archéologiques d'*Homo Erectus* où on a retrouvé des restes d'animaux et d'armes révèlent trop souvent une proie qui aurait été dépecée sur place, et non pas ramenée «à la maison». En janvier 2003, dans le *Journal of Human Evolution*, James O'Connell, anthropologue à l'Université de l'Utah, s'attardait à une série de tels restes, qui avaient été retrouvés à proximité d'une rivière. Or, une rivière est un lieu de passage normal pour des prédateurs comme les lions: ce n'est certainement pas le genre d'endroit où une famille nucléaire aurait eu envie de passer la nuit...

Il s'agit donc plus probablement d'un lieu où un groupe se serait brièvement rassemblé autour d'une proie déjà morte. Une proie qui aurait pu être tuée, justement par un lion. Les humains se seraient pointés après le départ du lion et se seraient partagé les restes.

Ce scénario est certes moins glorieux pour nos ancêtres, mais plus vraisemblable.

Et ce n'est pas tout. Avec un tel scénario, comme le révèle l'observation de tribus modernes de chasseurs d'Afrique, tels les Hadza, on ne peut pas nourrir un grand groupe. Les «restes» laissés par les prédateurs et les charognards ne sont en effet pas si nombreux et, surtout, sont trop aléatoires: personne ne peut prévoir où et quand le lion décidera d'aller chercher son prochain repas. En conséquence, il faut trouver autre chose pour manger, et c'est là, écrit O'Connell, qu'interviennent les femmes. Si les pères d'il y a un ou deux millions d'années ne pouvaient pas apporter de la viande pour nourrir les enfants, les mères devaient se débrouiller pour trouver de la nourriture, en faisant la cueillette de fruits, de feuilles et de racines.

Les mères, et pas seulement elles. Les grands-mères ont également dû être mises à contribution, puisqu'il fallait bien que quelqu'un le fasse pendant que les mères étaient enceintes.

Dans cette optique de «partage des tâches» entre les générations, l'évolution aurait donc favorisé un accroissement de l'espérance de vie, lequel entraîne un accroissement de la période d'enfance – c'est-à-dire la période pendant laquelle le petit est dépendant de ses parents.

Et voilà comment une bonne partie de l'évolution qui a conduit jusqu'à nous pourrait s'expliquer non par le talent du chasseur, mais par le talent de la cueilleuse...

Le sexe du genou

Comment différencie-t-on un homme d'une femme? Par le genou!

La structure du muscle qui entoure le genou serait en effet différente chez l'un et chez l'autre – un détail qui ne serait pas sans conséquence, puisqu'il expliquerait que les athlètes féminines courent davantage de risques de subir certaines blessures.

C'est en fait cette question des blessures qui intéressait les auteurs de la recherche dont il est question ici, et non les différences sexuelles. «Les athlètes féminines sont de deux à huit fois plus susceptibles de se déchirer le ligament intérieur (du genou) parce qu'il est possible qu'elles ne soient pas capables d'atteindre la même rigidité du muscle autour de la jointure du genou.» C'est ce qu'a résumé Edward M. Wojtys, de l'École de médecine de l'Université du Michigan, en mars 2001, lors du congrès de l'Association américaine des chirurgiens orthopédiques. Parmi les sports visés: le basketball et le soccer.

Le directeur de la Médecine du sport au service de la santé de cette université s'empresse d'ajouter que cette différence n'est qu'une «pièce du casse-tête», quand il s'agit de déterminer les différences entre les athlètes, hommes et femmes. Mais une pièce qui pourrait influencer le type d'entraînement qu'on fait subir aux unes et aux autres. L'étude, de plus, n'a porté que sur

24 athlètes de haut niveau, 12 hommes et 12 femmes, et sur 28 autres participants à des sports nécessitant moins de rotations du genou, comme le vélo et la course à pied.

Histoires de famille

Encore la guerre des sexes, mais version fourmi cette fois. Dans cette société qui a toujours été décrite comme un modèle de coopération et d'harmonie, on vient de se rendre compte que l'équilibre démographique est maintenu de manière radicale : si le nombre de mâles commence à dépasser le nombre de femelles, celles-ci règlent le problème en détruisant les œufs contenant des embryons de mâles.

Comment elles peuvent distinguer le sexe de la larve à venir uniquement en observant l'œuf, cela reste toutefois un mystère.

Les jeunes mâles meurent plus souvent

Chez certaines espèces d'oiseaux et de mammifères, les jeunes mâles meurent plus fréquemment que les jeunes femelles. Jusqu'à récemment, on supposait que la mère, durant les temps durs, favorisait les femelles pour leurs capacités à perpétuer la race. Trois zoologistes de l'Université de Cambridge avancent que le taux de mortalité plus élevé chez les jeunes mâles est plutôt dû à un plus grand besoin de nourriture. Les mâles, dont le corps est plus grand, ont une croissance plus rapide et plus longue. Lorsqu'il y a pénurie de nourriture, ils sont donc les premiers à en souffrir.

Les chercheurs, qui ont étudié des chevreuils rouges en Écosse, se sont rendu compte que le taux de mortalité était relativement égal pour les deux sexes pendant les six premiers mois de la vie, alors que les bébés sont nourris par leur mère. Par contre, lorsque les jeunes atteignent 2 ans, le taux de mortalité est deux fois plus élevé chez les mâles que chez les femelles, alors qu'ils sont laissés à eux-mêmes pour se nourrir.

Cachez ce X que je ne saurais voir

Pour survivre, les femelles doivent «garder le profil bas». Elles doivent cacher rien de moins que leur identité.

Mais attention, ce n'est pas de la psychologie: c'est de l'embryologie. Les embryons femelles doivent en partie leur survie au fait que leur chromosome X demeure silencieux pendant une phase cruciale de leur croissance. Et voilà que des chercheurs ont découvert une partie du mécanisme qui permet de rendre ce chromosome silencieux.

Il faut rappeler ici que la différence entre un mâle et une femelle, au-delà de ce que vous savez, réside dans les chromosomes: les femelles ont deux chromosomes X, l'un hérité de papa et l'autre de maman. Les mâles quant à eux n'ont qu'un chromosome X (hérité de maman) et un Y. Lorsque le spermatozoïde et l'ovule forment un embryon femelle, un gène appelé Xist s'active, dans le seul but de désactiver le chromosome X hérité du papa. Cet effet ne durera pas toujours, puisque ce gène, d'autres recherches l'ont démontré, sera plus tard à nouveau actif. Mais le temps pendant lequel il est désactivé semble crucial pour la survie de l'embryon, comme le démontrent des expériences sur des souris menées à l'Université de Caroline du Nord à Chapel Hill.

Toute ressemblance avec un fait psychologique ou sociologique est purement fortuite...

Performances
à la baisse...

Sexe et cigarettes

L a cigarette serait liée à la vie sexuelle, mais pas seulement «après». Plutôt «pendant». Selon une étude américaine, les hommes qui fument font moins souvent l'amour... et ont moins de «succès». S'il faut en croire un questionnaire rempli par des couples faisant l'objet d'un traitement de fertilité, les hommes non fumeurs font l'amour 12 fois par mois et donnent à leur «performance» une note, en moyenne, de 9 sur 10. Les fumeurs, en revanche, ne passent à l'acte que six fois par mois et se donnent une note de 5 sur 10. L'explication scientifique tournerait autour de l'hormone appelée testostérone, qui serait affaiblie par une toxine du tabac. À moins, évidemment, que les fumeurs ne soient simplement plus modestes...

Tout pour le zizi

Il n'y a pas que la pilule bleue qui rende la virilité. Depuis la fin des années 1990, quatre autres systèmes se concurrencent désormais sur ce «marché»: le système MUSE (Medicated Urethral System for Erection), un mini-suppositoire de prostaglandine que l'on s'introduit dans l'urètre et qui provoque l'érection 7 à 20 minutes plus tard; le procédé, plus ancien, de l'injection (à l'aide d'une seringue) d'un ou de plusieurs produits stimulants; le système d'érection par le vide, qui consiste à introduire le pénis à l'intérieur d'une pompe et de tirer (une bande élastique soutient l'érection un certain temps; et enfin, différents modèles de prothèses (dont la prothèse gonflable), qui peuvent être introduits à l'intérieur des organes par chirurgie. Il est fortement recommandé de consulter son médecin pour connaître les conditions et contre-indications à chacun de ces systèmes...

La vie sexuelle de la réglisse

Mâcher trop de réglisse peut provoquer une baisse de la libido, selon des chercheurs italiens. Des hommes de 22 à 24 ans ont mangé chaque jour, pendant une semaine, 7 grammes de réglisse vendue en magasin. Leur taux de testostérone a baissé de plus d'un tiers. Heureusement pour ces Italiens, il est remonté quatre jours après la fin de «l'expérience».

Étape suivante pour les chercheurs: savoir si la réglisse a le même effet sur les femmes. Qui osera dire, après ça, que la recherche scientifique est ennuyeuse?

Pas ce soir, chérie (1)

La plupart des cas de stérilité masculine pourraient s'expliquer par l'absence d'une protéine censée se retrouver sur la surface du spermatozoïde. C'est ce qu'affirment deux chercheurs du Centre hospitalier de l'Université Laval dans une édition récente de la revue *Biology of Reproduction*. Cette découverte bouscule ce qui était communément admis jusqu'ici par les chercheurs, à savoir que les facteurs à l'origine des cas jusqu'ici inexpliqués – environ 20 % de stérilité masculine – sont, en théorie, multiples.

Pas ce soir, chérie (2)

Jusqu'à tout récemment, on attribuait à des motifs purement psychologiques 90 p. cent des cas d'impuissance sexuelle masculine. Mais selon le biologiste Jacob Rajfer, de l'Université de la Californie, la plupart des cas d'impuissance ont plutôt une cause physiologique. Les hommes impuissants manqueraient d'oxyde d'azote, un gaz qui déclenche l'érection en emprisonnant le sang dans les «corps caverneux» situés à l'intérieur du pénis. Le chercheur est arrivé à cette conclusion après avoir mené une série d'expériences sur des morceaux de corps caverneux que des médecins avaient retirés du pénis de leurs patients afin de leur installer une prothèse. Rajfer ne sait pas trop comment est produit l'oxyde d'azote dans cette région de l'anatomie, mais il espère le découvrir bientôt... pour ramener un peu d'action dans certains ménages!

Pas ce soir, chérie (3)

Selon deux médecins spécialistes des dysfonctions sexuelles, un homme sur 12 souffre d'impuissance. Le ratio s'élève à un homme sur quatre lorsque l'on parle d'impuissance partielle. C'est pour démystifier certains aspects de la sexualité masculine que les Drs Pierre Alarie et Richard Villeneuve ont publié, aux Éditions de l'Homme, un ouvrage intitulé *L'impuissance*. Il y a 10 ans, ils y affirmaient, eux aussi, que l'organe sexuel principal n'est pas celui qu'on pense... C'est le cerveau qui perçoit et contrôle à la fois les changements hormonaux et nerveux ainsi que le flot sanguin qui conduisent à l'érection. On y apprend aussi que l'érection serait un phénomène indépendant du désir, de l'orgasme et de l'éjaculation. D'après ces experts, les facteurs psychosexuels sont importants, mais c'est la crainte de ne pas être à la hauteur qui fait le plus de victimes. Tous les impuissants sont atteints à des degrés divers de l'anxiété de la performance.

Le chaud lapin n'est pas si chaud

Dur, dur, pour la réputation du lapin – et de tous les playboys de ce monde qui en ont fait leur image de marque. Il semble en effet que sa réputation de tombeur soit largement surfaite.

«On a tendance à penser que ces lièvres ne font que gambader et s'accoupler avec n'importe quel partenaire», raconte Cole Burton qui, dans le cadre de sa maîtrise à l'Université de Colombie-Britannique, a effectué une analyse génétique de ce charmant animal et de ses accouplements.

La génétique a en effet tranché : il y a fort peu de pères différents parmi les bébés d'une même femelle.

La génétique a tranché, là où les apparences avaient le dessus depuis longtemps. Ce qu'on observait sur le terrain, c'était en effet la cour assidue que menaient plusieurs mâles autour d'une même femelle, laissant croire que celle-ci avait le plaisir de multiplier les partenaires. Or, il n'en est rien, lit-on dans l'étude, parue dans l'édition de janvier 2003 du *Canadian Journal of Zoology*. «Selon les preuves génétiques, la fréquence des paternités multiples semble assez faible», résume Cole Burton.

Il faut noter que ces analyses génétiques, pas plus que les observations de l'étudiant, n'ont permis d'en apprendre davantage sur les secrets d'alcôve des lièvres. La nature a tout de même le droit de garder quelques mystères…

Comment créer le mythe de l'impuissance féminine

L'industrie pharmaceutique serait-elle prête à tout pour vendre ses pilules ? C'est ce qu'on pourrait croire à la suite d'une étude parue en 2003 dans la revue médicale *The Lancet*, qui accuse l'industrie d'être en train de créer de toutes pièces un mythe : celui de l'impuissance féminine.

Le Viagra a eu tant de succès auprès des hommes que, semble-t-il, on rêverait de recréer ce succès auprès des femmes.

Certes, il n'est pas nécessaire de tout inventer. Des experts peuvent s'appuyer sur des symptômes qui existent réellement chez les femmes et qui sont décrits dans les manuels de médecine depuis longtemps. Sauf qu'ils sont en train de les amalgamer pour en tirer une maladie à laquelle leur nouveau produit répondrait parfaitement, a accusé Ray Moynihan dans les pages du *Lancet*.

Concrètement, poursuit-il, cela se traduit par des statistiques soigneusement choisies ou montées en épingle, afin de démontrer l'existence d'une forme d'impuissance féminine. Dans chaque cas, les chercheurs derrière ces chiffres sont payés par l'industrie pharmaceutique. «Une cohorte de chercheurs possédant des liens étroits avec les compagnies pharmaceutiques travaillent avec des collègues de l'industrie pharmaceutique pour développer et définir une nouvelle catégorie de maladie humaine, dans des congrès financés par des compagnies lancées dans une course pour développer de nouveaux médicaments.»

Interrogée par la BBC, la D^{re} Sandra Leiblum, psychiatre, approuve le verdict sans se prononcer sur l'accusation: «Je pense qu'il y a insatisfaction et peut-être absence d'intérêt chez beaucoup de femmes, mais cela ne signifie pas qu'il y ait une maladie.»

Depuis son lancement en 1998, le Viagra a rapporté à son fabricant, la compagnie Pfizer, la jolie somme de un milliard et demi de dollars. Ceci explique peut-être cela...

L'oxygène, un puissant aphrodisiaque

Pour l'homme, le plus puissant aphrodisiaque est un grand bol... d'air frais! Voilà ce que viennent de découvrir des chercheurs américains et israéliens. Après avoir étudié des humains et quelques (chauds?) lapins, ces biochimistes sont arrivés à la conclusion que le moteur de l'érection, c'est l'oxygène. Tout ce qui empêche ce gaz d'arriver librement au pénis (hypertension artérielle, athérosclérose, diabète ou même le tabagisme) risque de provoquer une certaine lenteur de l'engin en question, quand ce n'est pas la panne générale.

De courageux volontaires se sont prêtés à des prélèvements sanguins sur leur pénis en divers états d'activité. Les chercheurs ont alors pu constater qu'au repos, le pénis contient du sang veineux particulièrement pauvre en oxygène. Ils en ont aussi conclu que les érections nocturnes, qui affectent même certains sujets complètement impuissants, sont avant tout pour le pénis un excellent moyen de s'oxygéner.

Sexomania

Le sexe est-il pour vous une véritable drogue? Êtes-vous prêt à n'importe quelle bassesse pour obtenir votre «dose»? Si oui, vous êtes probablement un «sexomane». Aux États-Unis, des organismes bâtis sur le modèle des Alcooliques anonymes viennent en aide à quelque 20 000 drogués du sexe. Mais ces organismes ne font pas l'unanimité. De nombreux éducateurs et psychologues y voient des attrape-nigauds. Selon eux, comparer le sexe à la drogue serait une simplification dangereuse d'un phénomène beaucoup plus complexe.

Anomalies de père en fils

Une technique d'insémination artificielle fréquemment utilisée augmenterait le risque de faire surgir des anomalies chez les bébés. Des chercheurs de l'Institut Pasteur, à Paris, se sont aperçus il y a quelques années que cette technique, appelée injection de sperme intracytoplasmique (ICSI, en anglais), qui consiste à injecter directement le spermatozoïde dans l'ovule, aurait un revers.

Parce que cette technique est employée dans les cas où l'homme produit peu ou pas de sperme et parce que cette carence est causée par une minuscule mutation dans le chromosome Y, cette mutation peut être transmise à l'enfant.

Or, ce qu'a découvert l'équipe française dirigée par Ken McElreavey, cette mutation serait le signe annonciateur de problèmes génétiques plus graves: chez huit hommes étudiés par ces chercheurs, le chromosome Y était carrément manquant dans 10% des cellules de leur corps. Ce qui, en retour, conduit à des anomalies au niveau des organes génitaux.

Cette recherche relance le débat sur l'ICSI, une technique contestée depuis son introduction : bien que certaines études affirment qu'elle est sans risques, d'autres concluent à un taux d'anomalies à la naissance deux fois supérieur à la normale. Chaque année, quelques dizaines de milliers de bébés naissent à travers le monde grâce à l'ICSI.

La vie après le sexe

Une utilisation trop fréquente d'«ecstasy» ferait perdre le goût du... sexe. Et les «dommages» persisteraient longtemps. C'est ce qui se dégage des réponses à un questionnaire rempli par 768 adolescents ou jeunes adultes dans quatre villes d'Italie et de Grande-Bretagne, dont Rome et Londres. Ceux qui étaient les consommateurs les plus réguliers d'ecstasy étaient en même temps ceux qui rapportaient le plus de symptômes d'agoraphobie et d'anxiété. Mais plus encore, ils étaient trois fois plus nombreux que les non-consommateurs à rapporter des problèmes sexuels. Une constatation assez «ironique», juge Andy Parrott, de l'Université d'East London, puisque l'ecstasy, en plus de donner de l'énergie pour danser toute la nuit, est réputée, selon la rumeur, accentuer la libido...

Sexualité : médicaments et libido

Les médicaments que nous consommons peuvent avoir une influence directe sur notre vie sexuelle. Les tranquillisants, les sédatifs et l'alcool diminuent par exemple le désir et l'excitation. Un effet produit également par certains antidépresseurs comme le Prozac ou l'Elavil. Les médicaments qui accélèrent le métabolisme, comme les amphétamines, peuvent par contre favoriser l'excitation, mais aussi conduire les éjaculateurs précoces à être encore plus rapides. Les effets secondaires les plus courants des médicaments sont la sécheresse des muqueuses pour les femmes, une perte de désir, des rapports douloureux et une émission réduite de sperme.

«Écrase, ou je divorce!»

Risques de maladies cardio-vasculaires, dangers d'incendie, menace à la santé des autres, aucune de ces raisons ne peut vous motiver, messieurs, à cesser de fumer? Alors, remerciez ces chercheurs français qui viennent de découvrir une conséquence encore plus épouvantable de l'usage du tabac: l'impuissance (sexuelle, bien sûr)... Les chercheurs rapportent que 62 p. cent des patients impuissants d'un centre spécialisé sont des fumeurs, tandis que seulement 36 p. cent des hommes fument. Le tabac exercerait son insidieuse action en provoquant une athérosclérose des artères menant au pénis. Ce blocage empêcherait le remplissage du corps caverneux qui induit normalement l'érection. Le seul avantage de ce phénomène: les artères sexuelles étant beaucoup plus sensibles à l'effet du tabac que les autres artères, un refus du pénis de coopérer serait un signe avant-coureur de véritables maladies artérielles, comme l'angine ou l'infarctus. Mais le fait d'«écraser» vous fera-t-il, monsieur, retrouver votre virilité d'antan? Oui, et cela, en moins de 15 jours!

Un implant... satisfaisant

Avant que le Viagra ne connaisse le succès que l'on sait, chaque année, plus de 20 000 Américains se faisaient implanter une «prothèse érectrice», si on peut parler ainsi. Il s'agit d'une pompe implantée dans le scrotum, qui envoie dans le pénis un liquide provenant d'un réservoir placé dans l'abdomen, provoquant ainsi l'érection. En étaient-ils satisfaits? Les médecins qui pratiquent cette intervention parlent de taux de satisfaction de 90 p. cent... ce qui finalement est proche de la réalité, soit un taux de 82 p. cent, tel que révélé par une enquête indépendante auprès d'une centaine de patients. Quant aux 18 p. cent d'insatisfaits, c'étaient en bonne partie des gens qui en attendaient trop de leur prothèse. «Ça ne vous amène pas de rendez-vous et ça ne va pas sauver votre mariage», résume l'urologue Irwin Goldstein, de l'Université de Boston.

Sauvés par le Viagra

La chose avait été présentée à la blague lorsque la petite pilule bleue avait fait son apparition mais rapidement, les chasseurs de phoques ont cessé de la trouver drôle. Le marché des phoques, qui était déjà en chute libre à la suite des pressions des écologistes, a subi un coup fatal, avec l'arrivée du Viagra.

C'est que, jusqu'à la fin des années 1990, le seul marché substantiel qui restait aux chasseurs, c'était celui des pénis de phoques qui, selon la médecine chinoise, constitueraient un remède contre l'impuissance masculine. En 1996, on en estimait les ventes à 750000 $, uniquement pour les phoques tués sur les côtes de Terre-Neuve. Mais après le Viagra, le marché a dégringolé. De 100 $ l'organe en 1996, le prix n'était plus que de 15 $ en 2000.

Comment on fait les bébés?

Par ici l'entrée...

S i vous vous souvenez bien de la façon dont on fait un bébé, le spermatozoïde peut entrer dans l'ovule de n'importe quel côté. On n'aurait pas imaginé que ce détail puisse faire une différence. Et pourtant, la façon dont les premières cellules de l'embryon se diviseront et se placeront semble déterminée par le «point d'entrée» du spermatozoïde.

Au bout du compte, cela peut-il influencer l'apparence du «produit final»? Les chercheurs de l'Université Cambridge, en Angleterre, qui sont derrière cette découverte, ne s'avancent pas jusque-là. Mais ils n'en ont pas moins démontré que l'embryon de mammifères – plus précisément, des souris – commence à «s'organiser» beaucoup plus tôt qu'on ne le pensait. Et «s'orga-niser», en langage d'embryologistes, cela veut dire placer ses cellules, au fur et à mesure qu'elles se multiplient, suivant un certain axe, dans un certain ordre.

On savait déjà que des invertébrés, comme les vers et les mollusques, commençaient ce travail d'organisation très tôt. Et cela est important, parce qu'il ne s'agit pas seulement d'une banale question de géométrie, ont expliqué en janvier 2001 Magdalena Zernicka-Goetz et Karolina Piotrowska dans la revue *Nature*. L'axe sur lequel ces cellules se divisent décide peut-être de l'emplacement qu'occuperont les «descendantes» de chacune de ces cellules originelles et du rôle qu'elles joueront. En d'autres termes, cela pourrait déterminer la croissance future du squelette, des organes, de tout, quoi!

On sera bien avancé, s'il faut désormais, lorsqu'on fait un bébé, se préoccuper de la façon dont on doit faire entrer les spermatozoïdes dans l'ovule...

Interdit aux mâles

Partout dans la nature, il faut un papa et une maman pour faire un bébé? Eh bien, pas du tout. Que diriez-vous d'une société où il n'y aurait que des femelles et où les mâles s'empresseraient de redevenir normaux – c'est-à-dire, pour eux, femelles?

C'est la découverte étonnante qu'ont annoncée en juin 2001 des chercheurs néerlandais dans la prestigieuse revue américaine *Science*. «Je pense que ce cas isolé est assez rare, puisque c'est la première fois qu'on le découvre», a résumé tant bien que mal aux journalistes le chercheur principal, Andrew Weeks, de l'Université d'Amsterdam.

Dans les faits, il existe, dans la nature, des centaines d'espèces d'animaux (insectes, lézards, serpents et poissons, mais pas de mammifères, du moins à notre connaissance) qui ne sont composés que de femelles. Celles-ci se contentent de pondre des œufs qui contiennent des copies de leurs propres gènes. De cette façon, on ne voit jamais naître de mâles. Mais le cas décrit dans *Science*, celui d'un acarien appelé *Brevipalpus phoenicis*, est pour le moins particulier: on entrevoit bel et bien des embryons de mâles dans cette société, mais une bactérie provoque rapidement des changements de sexe qui les ramènent à la «normale».

Cela repose la vieille question de la supériorité du sexe. En effet, du froid point de vue des biologistes, la reproduction que nous connaissons tous, et qui a pour conséquence de procéder à un brassage des gènes de deux individus, est parfois moins efficace que la reproduction qui consiste à recopier un seul groupe de gènes. Après tout, c'est ce que font par exemple les bactéries depuis quatre milliards d'années lorsqu'elles se divisent en deux, et elles se débrouillent très bien. Chez elles, ce sont les mêmes gènes, d'un individu à l'autre. S'il y a une erreur d'ADN, elle sera éliminée (l'individu mourra) ou elle se perpétuera, si elle permet à cet individu de survivre plus efficacement.

Avec ce portrait, les biologistes croyaient avoir tout délimité. D'un côté, les bestioles qui, comme nous, transportent avec eux deux séries identiques de chromosomes (ces espèces sont appelées diploïdes) et de l'autre, celles qui n'ont qu'une série (haploïdes). Dans cette dernière catégorie, les bactéries et les animaux mentionnés plus haut, qui ne rassemblent que des femelles.

Cet acarien très spécial, qui vit dans les régions sub-tropicales (de la Californie au Brésil en passant par la Floride) et se nourrit de plants de café, de thé et de citron, vient donc rebrasser les cartes. Certes, les bactéries ont un mode de reproduction plus efficace, mais en contrepartie, elles n'évoluent pas; d'un milliard d'années à l'autre, elles sont toutes pareilles. Et il en est de même de toute espèce haploïde... sauf celle-ci.

Et c'est donc la faute à une bactérie. Comme ont pu le constater Weeks et ses deux collègues, les œufs de cet acarien sont enrobés par cette bactérie. Les chercheurs ont donc injecté là-dedans de solides doses d'antibiotiques, afin de se débarrasser de cette bactérie, et ont observé ce qui se passait. Sous leurs yeux éblouis, les œufs non infectés ont donné naissance à des mâles, tandis que les œufs toujours infectés ne donnaient naissance qu'à des femelles. Autrement dit, c'est bel et bien au stade embryonnaire que la bactérie opère ce changement de sexe.

Comment le fait-elle? On n'en sait rien pour l'instant, mais logiquement, cela doit avoir quelque chose à voir avec la survie de la bactérie elle-même. En se nourrissant des hormones et en conservant la population entièrement femelle, la bactérie s'assure qu'elle aura toujours ce type de garde-manger à sa disposition.

Qui choisira le sexe de bébé? (1)

S'il devient de plus en plus facile aux futurs parents de choisir le sexe de leur enfant, il y aura beaucoup de discussions au sein des couples. Selon une enquête effectuée dès 1985 à l'Université de

San Diego auprès de parents en attente d'un enfant, 45% voulaient choisir le sexe de leur enfant. Et au passage se dessinait déjà un problème : parmi ces couples, 75% des femmes voulaient une fille, et 68% des hommes, un garçon.

Qui choisira le sexe de bébé ? (2)

«Si vous désirez avoir un fils», suggérait aux futurs parents le médecin Jean Liébault, qui pratiquait en France sous le règne d'Henri IV, «Mangez ensemble les deux testicules rôtis d'un bouc. Mais attention : si vous n'en mangez qu'un, votre enfant n'aura lui-même qu'un seul testicule.»

Heureusement que la science moderne est venue au secours des pauvres parents. Ainsi, à Londres, une clinique promettait il y a 10 ans à ses clients un taux de réussite de 77 p. cent s'ils désiraient concevoir un garçon et de 70 p. cent dans le cas d'une fille. Pas mal, sauf que ça ne marchait pas!

La théorie qui sous-tendait cet optimisme était fondée sur la constatation qu'avait faite le chercheur américain Ronald Ericsson : les spermatozoïdes porteurs d'un chromosome Y – ceux qui donnent des mâles – nageaient plus vite que les autres. Malheureusement, d'autres chercheurs ont eux aussi organisé des courses de spermatos. Ils sont formels : la méthode Ericsson vous donne exactement une chance sur deux d'avoir un garçon!

Qui choisira le sexe de bébé ? (3)

Chez l'alligator du Mississippi, le sexe est en grande partie déterminé par la température qu'il fait entre le 7e et le 21e jour d'incubation des œufs. À 30 degrés Celsius et moins, les œufs ne donnent que des femelles. À 34 degrés Celsius, que des mâles! D'abord obtenus en laboratoire, ces étonnants résultats ont été confirmés par des observations dans la nature, où le ratio à la naissance est de cinq femelles pour un mâle. C'est dire qu'une chute ou une hausse des températures pourrait conduire à la disparition des alligators: il ne naîtrait plus que des mâles ou que des femelles!

Les garçons courent plus vite!

Les hommes sont plus rapides que les femmes, et cela, dès la conception! «Dès l'instant où l'embryon compte seulement deux cellules, on constate que le développement des mâles est plus rapide que celui des femelles», affirme la spécialiste britannique Ursula Mittwoch.

Pourquoi un départ aussi fulgurant? Parce que le mâle, pour arriver à former ses testicules, doit mener une véritable course contre la montre. Dès qu'elle est fécondée, la mère produit en effet de plus en plus d'œstrogène, une hormone femelle. Si l'embryon mâle ne parvient pas très rapidement à se doter de testicules pour produire une hormone de son sexe, la testostérone, il se féminisera et deviendra alors une «fausse» femme, munie d'ovaires mais portant des chromosomes sexuels mâles (XY), qui restera stérile.

Les mâles sont donc plus rapides à se développer que les femelles, mais cela ne leur donne pas que des avantages, dit la chercheuse. Ils acquièrent probablement de ce fait un métabolisme plus rapide qui, à l'autre bout de leur vie, les fait mourir en moyenne cinq ans plus tôt que les femmes.

Embryo.net

Après une gestation de cinq ans, le projet américain *Visible Embryo* a accouché à l'automne 2002. Des centaines de milliers d'images – photos et dessins – présentent jusque dans ses moindres détails les premiers stades du développement de l'embryon humain. Le projet s'est appuyé entre autres sur les 115 ans d'efforts de la collection Carnegie d'embryologie, qui rassemble aujourd'hui 7 000 embryons humains à différentes étapes de développement.

Le résultat, pour les amateurs de chiffres, représente 7 térabits de données dans un ordinateur situé à San Diego, ce qui en fait l'une des plus grosses banques d'images médicales au monde. Le projet a évidemment, d'abord et avant tout, un objectif éducatif, puisqu'il s'accompagnera d'outils pédagogiques, aussi bien pour les étudiants en médecine que pour les praticiens. Mais il peut servir aussi, assure-t-on, dans les tâches quotidiennes : les techniciens pratiquant des ultrasons sur une femme enceinte pourront comparer leurs résultats avec les images entreposées sur le site. Le tout a coûté jusqu'ici 3 millions de dollars US.

Un cadeau de bébé

Les liens entre une mère et son bébé sont profonds. Encore plus profonds qu'on ne le croit : des cellules d'un fœtus peuvent continuer à vivre à l'intérieur du corps de la maman, jusqu'à des décennies après la naissance.

Et attention ! ce n'est pas là une découverte récente. Pour des biologistes, ce phénomène est connu depuis le milieu des années 1990. On l'appelle microchimérisme – de «chimère», qui fait référence à des créatures qui sont un mélange de deux entités différentes. L'inverse est aussi vrai : des cellules de la mère peuvent survivre pendant des années au milieu des cellules de l'enfant.

Un phénomène connu, donc. Mais ce qu'on rejetait comme possibilité, c'était que ces cellules «étrangères» puissent survivre aussi longtemps. Tout au plus acceptait-on l'idée que des cellules survivantes de l'embryon puissent encore être là quelques mois après la naissance. Mais le système immunitaire venait ensuite rapidement à bout de ces «étrangers», disait-on avec bon sens.

Or, à présent, on se rend compte qu'on en trouve partout, de ces étrangères: des lignées de cellules-souches qui se perpétuent elles-mêmes et poursuivent ainsi leur vie.

Sans déranger du tout? Une revue de la recherche parue dans *Science* en 2002 suggère que ces cellules héritées de bébé pourraient être à l'origine de ce qu'on appelle les maladies auto-immunes. En fait, cela pourrait du coup expliquer pourquoi les femmes sont plus nombreuses que les hommes à souffrir de maladies auto-immunes.

Une maladie auto-immune est ainsi appelée lorsque le système immunitaire d'une personne attaque la personne elle-même, plutôt que d'attaquer une maladie. Un peu comme une armée qui, plutôt que d'attaquer l'envahisseur, se mettrait à dévaster son propre territoire, parce qu'elle viendrait d'y découvrir des «étrangers» cachés au milieu de la population...

Des étoiles de mères

Un chercheur néerlandais vient de découvrir un comportement maternel chez la moins maternelle des créatures, une ophiure, proche cousine de l'étoile de mer. Inattendu, parce que ces bestioles ont plutôt l'habitude de faire des bébés en rejetant leurs cellules reproductrices dans l'eau, où leur rencontre devient alors le fruit du hasard. Ce qu'a constaté Jan Idema, du Musée zoologique d'Amsterdam, c'est que chez l'*Ophiotrix fragilis*, une espèce d'ophiure commune des côtes anglaises, la progéniture trouve refuge sur les bras des parents. Plus exactement, les jeunes s'installent entre les plaques calcaires articulées qui constituent ces bras. Or, sur la face ventrale de ces bras court un canal par lequel transitent les aliments, vers la bouche de l'ophiure. Les jeunes peuvent ainsi puiser directement à la source, sans se fatiguer. Pour Jan Idema, ce comportement confère à l'espèce un avantage sélectif supplémentaire, les jeunes ayant moins d'énergie à dépenser pour se nourrir et se défendre contre les prédateurs.

La polygamie, bonne pour les filles ?

Pourquoi les Masaï du Kenya ont-ils plus de filles que de garçons ? C'est parce qu'ils sont polygames, prétend l'anthropologue John Whiting, de l'Université Harvard. Cet avis est fondé sur la constatation que les bébés conçus près du moment de l'ovulation sont plus susceptibles d'être de sexe féminin. Et le lien avec la polygamie ? D'abord, comme plusieurs femmes se partagent le même mari, leurs relations sexuelles sont plus espacées que dans un couple normal. Ensuite, comme le mari a le choix, il sélectionne chaque fois celle de ses épouses qu'il trouve la plus attirante – et surtout la plus consentante ! En général, l'élue est celle qui vient tout juste d'ovuler.

Vous ne pourriez pas baisser le volume, s.v.p. ?

La première échographie est un moment important dans la vie de tout futur parent. Mais voilà qu'un médecin de la Clinique Mayo, au Minnesota, s'est demandé pourquoi le fœtus semblait toujours bouger et se retourner lorsque cette «photo» était prise. Il s'est aperçu que, selon toute probabilité, le fœtus entend – et que ça le dérange.

C'est qu'une échographie n'est rien d'autre qu'une volée d'ultrasons : à la manière des sonars, les ondes sonores envoyées par l'appareil du médecin ricochent sur les obstacles – en l'occurrence, le fœtus – et permettent ainsi d'en tracer une image. Or, si nous ne pouvons pas entendre les ultrasons, le fœtus, lui, le peut sans doute : ses oreilles sont remplies de liquide, qui est un meilleur conducteur d'ultrasons que l'air, explique le Dr Mostafa Fatemi.

Ne mélangez pas vos éprouvettes

Après la crainte de mélanger les bébés à la maternité, voici venue la crainte de mélanger les éprouvettes. Et si ce que vous aviez demandé, c'est un clone, il y a de quoi s'adresser à la Protection du consommateur.

C'est ce qui s'est produit – le mélange d'éprouvettes – à l'Université de Sao Paulo, au Brésil, au printemps 2002. Les chercheurs ont été fort surpris de voir naître un bœuf, alors qu'ils attendaient le clone d'une vache! Il a fallu attendre l'analyse génétique du bébé pour confirmer que les cellules utilisées pour obtenir ce clone étaient bel et bien celles d'un bœuf, lesquelles cellules dormaient au frigo, dans une éprouvette, à côté de l'éprouvette de la vache. Bref, quelqu'un avait mal étiqueté les éprouvettes – ou avait négligé de lire l'étiquette avant de procéder à «l'opération»...

Comment plaire
aux dames

GOLDSTYN

Chez les souris, on lave madame

C hez les souris des bois, la femelle ne se donne pas à n'importe qui. Si un mâle veut obtenir ses faveurs, il doit d'abord lui faire sa toilette. Un comportement qui, en soi, n'est pas si rare qu'on l'imagine chez les mammifères. Il existe plusieurs espèces où chacun des deux partenaires lave l'autre, ce qui bénéficie finalement à tous les deux – par exemple, en éliminant les parasites. Sauf que ce qu'on vient de constater, c'est que chez la souris des bois, c'est vraiment le mâle qui passe beaucoup plus de temps à bichonner la femelle que le contraire.

Chérie, tu es fluorescente

Le fait de devenir fluorescent vous rend sexuellement plus attirant! Du moins, si vous êtes une perruche et qu'une chercheuse de l'Université du Queensland, en Australie, vous a enduit de différents produits. Dans un cas, de la crème solaire qui, en bloquant les rayons ultraviolets du Soleil, bloque toute fluorescence des plumes jaunes, mais sans en changer la couleur; dans l'autre, de la gelée qui ne bloque pas les rayons UV. Autant les mâles que les femelles ont préféré les compagnons qui continuaient à «briller».

Un truc lumineux pour séduire

Comment attirer les femelles? Voici le truc ingénieux utilisé par les vargulas, une variété de crustacés. Le vargula mâle libère une substance chimique qui produit des jets de lumière bleue et que la femelle suit en nageant jusqu'à son amoureux. La découverte de cette technique de séduction astucieuse revient au biologiste James Morin, de l'Université de Los Angeles. Les jets de lumière émis par le crustacé sont parfaitement visibles à travers une profondeur de 5 mètres d'eau et scintillent entre 10 et 15 secondes chacun.

Les mouches à feu utilisent le même principe pour satisfaire leurs désirs, sauf que c'est la femelle qui porte alors la lanterne.

L'hormone de la fidélité

Le petit campagnol mâle de l'espèce *Microtus ochrogaster* est un époux et un père idéal. Il ne regarde pas les autres femelles, il est plein d'attentions pour sa belle et pour sa progéniture et il est très agressif face aux autres mâles qui s'approchent de son petit nid d'amour. D'où viennent ces comportements? D'une hormone, la vasopressine. Des scientifiques américains ont donné à des papas campagnols une substance qui efface l'effet de la vaso-pressine. Résultat? Les campagnols sont allés courailler et ont perdu toute agressivité dans la défense de leur territoire. Par contre, l'inhibiteur de vasopressine n'a pas eu d'effet chez les campagnols célibataires. On croit que l'accouplement «active» la vasopressine. D'ailleurs, chez l'humain, la sécrétion d'arginine vasopressine a déjà été associée à l'activité sexuelle...

L'odeur de l'amour

Au lieu de leur envoyer des lettres d'amour, les papillons mâles communiquent avec les femelles en libérant dans l'air des phéromones. Il s'agit de produits chimiques complexes que la bien-aimée reconnaît à leur odeur. Mais parfois, pour dérouter leurs prédateurs, certains papillons se déguisent pour ressembler à des espèces qui ont mauvais goût! Certains prennent même l'odeur de ces cousins peu appétissants.

Comment les femelles font-elles alors pour reconnaître les mâles de leur espèce? Des chimistes allemands ont analysé les substances contenues dans les phéromones des mâles de 10 espèces de papillons africains. Ils ont constaté que ceux-ci ne manquent pas de vocabulaire pour exprimer leur amour. Les chimistes ont identifié pas moins de 214 composés différents appartenant à 14 classes de produits chimiques! Chaque espèce de papillon est capable de composer un cocktail de 12 à 59 de ces substances, ce qui en fait un véritable Cyrano, pour l'éloquence... et pour le nez!

Les femmes préfèrent les hommes orange

Si vous êtes un monsieur guppy, le fait d'avoir des taches orange est une garantie d'attirer l'âme sœur. Pour une raison qui continue en effet de mystifier les biologistes marins, les femelles, chez ce poisson, semblent irrésistiblement attirées par les mâles qui portent cette couleur, beaucoup plus que par ceux qui ont, par exemple, des plaques pourpres.

Certains experts ont tenté d'associer la présence de plaques orange avec celle de gènes qui garantiraient une meilleure progéniture. Au printemps 2002, Michael Ryan, de l'Université du Texas, a affirmé que ce goût pour l'orange provient d'une attirance pour les aliments de cette même couleur. En somme, la femelle guppy dirait du mâle: «Il est à croquer!»

Les femmes préfèrent les maisons

On imagine souvent que, dans la nature, la femelle préfère le mâle le plus fort. Eh bien, chez le lézard, elle choisit plutôt son compagnon en fonction de sa maison.

Les biologistes savaient déjà que chez le lézard commun, *Uta stansburiana*, le mâle dominant accapare le meilleur endroit – en général, la roche la mieux exposée au soleil. Or, en constatant que les femelles préféraient ce mâle, les chercheurs en avaient tout naturellement déduit qu'elles choisissaient les mâles dominants.

Pas du tout, ont constaté deux compères de l'Université de Californie avec une expérience très simple. Ils ont déplacé les plus belles roches, là où logeaient les lézards dominants, et les ont placées à la portée des autres lézards. Et, surprise, les mâles dominants sont demeurés loyaux à leur site géographique. Autrement dit, ils n'ont pas cherché à récupérer leur caillou. Tandis que les femelles ont commencé à déménager vers les plus beaux cailloux et, accessoirement, vers les mâles qui s'y trouvaient. Le pouvoir du propriétaire, en quelque sorte.

Les femmes préfèrent le succès

«Ce sont toujours les mêmes qui ont du succès en amour.» Le croirez-vous, ce n'est pas un humain qui se plaint de la sorte, mais un poisson, le guppy de Trinidad. Un biologiste de l'Université du Kentucky a fait l'expérience suivante: dans un aquarium divisé en trois compartiments hermétiques, il a installé une femelle au centre et un mâle à chaque bout. Puis, il a déposé une seconde femelle dans le compartiment d'un des deux mâles, pendant que la femelle du milieu observait. Après avoir retiré la seconde femelle, il a ouvert les portes reliant les trois compartiments. Que pensez-vous qu'il arriva? Dans 17 cas sur 20, la femelle partit courtiser le mâle qui avait déjà eu une compagne. Le succès attire le succès...

Se consumer d'amour

Pas facile, la vie amoureuse des grillons! Ainsi, dans le sud des États-Unis, le mâle qui espère attirer la femelle doit courir le risque d'être lentement dévoré par les larves d'une mouche. La raison: le mâle amoureux lance un chant d'appel. Or, ce chant n'attire pas que les femelles, il attire aussi les mouches.

«Ces mouches sont de véritables prédateurs», explique le biologiste Bill Cade, de l'Université de Lethbridge, en Ontario, dont l'équipe d'étudiants a étudié ce comportement pendant tout un été, au Texas. «Guidées par le chant d'appel sexuel du grillon mâle, les mouches s'en rapprochent puis expulsent leurs larves dans toutes les directions, y compris sur le grillon.» Les larves s'enfouissent alors dans le corps du grillon et se mettent à le dévorer. Quand on vous dit que l'amour peut faire très mal...

La séduction : une affaire personnelle

Les approches amoureuses des gens dépendent certes de leur éducation; elles s'inspirent de l'imitation des parents et portent la marque du milieu social. Mais elles n'ont à peu près rien à voir avec le bagage génétique. C'est du moins ce qu'indique une étude menée à l'Université de la Californie. Pour la première fois dans l'histoire de la psychologie, des chercheurs ont examiné les préférences de paires de jumeaux et de jumelles pour ce qui est de leur manière d'aborder la vie à deux. Ils ont ainsi classé les participants selon six stéréotypes, allant de l'amoureux transi au bourreau des cœurs, en passant par le tiède, le prudent, l'intéressé et le chevalier servant. Même les jumeaux identiques, qui partagent donc les mêmes gènes, se situent parfois aux antipodes quand vient le temps de faire des conquêtes. Pourquoi? L'intelligence, l'émotivité et d'autres traits de personnalité sont, tout comme la couleur des yeux, fortement influencés par la génétique, mais ce que chacun fait de ce bagage pour dénicher un partenaire en amour serait strictement d'ordre culturel.

Une voix grave : succès garanti

Une voix plus grave signifie un homme plus séduisant. Ou du moins, c'est ce que les femmes croient, elles qui, selon une nouvelle étude, «notent» le physique d'un homme en fonction de sa voix. La découverte n'en est pas vraiment une, mais elle est l'aboutissement d'une recherche qui a dû bien faire rire dans les locaux de l'Institut des sciences écologiques et de l'évolution à Leiden, aux Pays-Bas. Une équipe dirigée par la biologiste des comportements Sarah Collins a enregistré les voix de 34 Néerlandais et les a fait écouter à des femmes, leur demandant ensuite de décrire chaque interlocuteur.

Et c'est ainsi que les hommes dotés d'une voix plus grave se sont retrouvés, presque systématiquement, affublés de davantage de poils sur la poitrine, tandis que les barytons étaient dotés de plus de muscles...

Orgasme chocolaté

Vous connaissez sûrement ce cliché de la vieille Anglaise qui s'empiffre de chocolats. Mais s'agit-il vraiment d'un cliché? Au rythme de 7,3 kilos par année en moyenne par habitant, les Anglais sont de gros consommateurs de chocolat. (Les Anglaises surtout, qui en consomment 50 p. cent de plus que les hommes.) Des psychologues, des biologistes et des chimistes britanniques ont uni leurs efforts pour déterminer ce qui amène leurs compatriotes à manger autant de chocolat. Les hypothèses sont nombreuses, mais les chercheurs s'accordent sur un point: le chocolat contient un peu plus d'un demi de 1 p. cent de phényléthylamine, un stimulant semblable à l'adrénaline, qui augmente le rythme cardiaque, exacerbe les sens et met la personne qui en consomme dans un état assez voisin de... l'orgasme.

Le sexe de la caresse

Les femmes britanniques sont-elles plus prudes que les Américaines... ou plus romantiques? Inspiré par l'émission de télé américaine *Sex and the City*, qui décrit la vie sexuelle trépidante de quatre New-Yorkaises, un site Web britannique s'est lancé en 2001 dans une enquête auprès de plus de 3000 femmes de 18 à 45 ans. Pour en conclure que «les caresses, l'affection et les étreintes sont plus importantes que le sexe», pour les femmes.

Jusqu'à un quart d'entre elles ont déclaré que, souvent, «elles se moquaient» d'avoir ou non des relations sexuelles. Et un autre quart ont dit être «heureuses avec une caresse».

Malgré tout, avoir à choisir entre le sexe et le magasinage, plus de la moitié prendrait le premier. Bien des hommes pousseront un soupir de soulagement...

Deux pénis valent mieux qu'un!

En règle générale, il y a beaucoup de concurrence chez les animaux pour obtenir les faveurs d'une femelle. Les mâles de certaines espèces se battent, alors que d'autres essaient d'impressionner avec des couleurs flamboyantes. Mais chez les lézards et les serpents, la concurrence va encore plus loin. Les spermatozoïdes des nombreux mâles qui s'accouplent avec une même femelle se font concurrence pour la fécondation de l'ovule. D'où l'importance, pour un lézard ou un serpent, de produire beaucoup de sperme. Selon les biologistes américains Richard Torkaz et Joseph Slowinski, c'est pour cette raison que les lézards et les serpents ont deux pénis, chacun étant relié à un testicule. Les deux biologistes ont en effet constaté que les lézards et les serpents utilisent en alternance chacun de leur pénis. Le mâle utilise d'abord son premier pénis, puis, si une autre femelle se présente la même journée, il utilise son deuxième pénis qui est encore frais et dispos.

Il existe par ailleurs une variété de l'insecte appelé perce-oreille qui présente lui aussi cette étrange particularité: le mâle possède deux pénis. Les entomologistes croyaient jusqu'ici que le deuxième était inutile, puisqu'il pointe dans la mauvaise direction. Mais une équipe de l'Université métropolitaine de

Tokyo, au Japon, a constaté qu'il s'agit en réalité d'une pièce de rechange : lorsque le premier pénis devient inactif, le deuxième se met en marche. Et par « inactif », il faut comprendre qu'il arrive carrément à cet insecte... d'en perdre un.

L'avantage d'avoir plusieurs époux

Pourquoi, dans la nature, une femelle s'accouple-t-elle avec plus d'un mâle ? Parce qu'elle y trouve son avantage, affirment deux biologistes. Plus précisément, un avantage génétique : elle évite ainsi de se retrouver avec des spermatozoïdes d'un mâle « génétiquement incompatible ».

En d'autres termes, elle augmente ses chances d'avoir des petits.

Jusqu'à tout récemment, du point de vue des chercheurs, les bénéfices de la polygamie animale étaient loin d'être évidents : pour une femelle, « s'accoupler entraîne inévitablement des coûts », comme l'écrivent de façon si romantique Tom Tregenza et Nina Wedell, de l'Université de Leeds, en Angleterre. Ils parlent ici, évidemment, de coûts biologiques : efforts physiques accrus, temps passé à trouver un partenaire et autres choses de ce genre.

Curieusement, les biologistes semblent connaître peu de choses des comportements sexuels des femelles. D'autres études avaient déjà démontré qu'il peut y avoir davantage de petits qui survivent à la naissance, chez les femelles qui s'accouplent avec plus d'un mâle. Mais l'étude de nos deux Britanniques, publiée en 2002, serait la première à démontrer que le nombre accru de naissances a précisément pour cause le fait que ces femelles (chez les criquets, par exemple) pratiquent la polyandrie.

Polyandrie est, au cas où vous l'ignoreriez, l'équivalent féminin de la polygamie.

Éternel Harlequin

Les romans à l'eau de rose ont la cote (1)

À l'heure des revendications des femmes et de l'évolution des mœurs, les romans à l'eau de rose ont encore la cote d'amour.

«Dans un roman Harlequin, un amour hors mariage est absolument amoral et anormal. C'est un amour qui sera tout naturellement puni au cours du récit. Quant au mariage sans amour, c'est un pur gaspillage», indiquait en 1994 la Québécoise Marie-Andrée Dubrûle dans sa recherche sur le roman sentimental.

Selon la chercheuse, on retrouve dans ce type de littérature l'influence des romans d'amour du XIXᵉ siècle. Mais cette fois, le paysage romantique est banalisé car les formes et les thèmes traditionnels sont simplifiés à l'extrême. «Il s'agit d'une littérature de recettes qui présente une uniformité totale à tous les points de vue», affirme-t-elle.

Au menu: une rencontre rarement faite par hasard jusqu'à la grande déclaration vers les dernières lignes du roman. Entre les deux, révolte et abattement de la jeune et modeste héroïne. Plus âgé, le héros, riche aventurier et initiateur par excellence, hypnotise par son regard insistant. L'héroïne en sera réduite aux bégaiements et même au silence.

Les scènes sont montrées en toute intimité (selon la formule «trou de serrure»), mais surtout rien de «salé». Si les héros s'embrassent, cela doit se produire contre leur volonté! La lectrice doit rester persuadée que tout se passera la nuit de noces... Quand l'héroïne est prête à succomber, vite, qu'on frappe à la porte! Ne doit-elle pas se distinguer par une moralité sans tache? Les pires chantages et humiliations ne l'effraient pas. Les rivales trop émancipées en amour ou capricieuses ne seront jamais à la hauteur de l'idéal féminin. Et comme le héros a souffert déjà de ce type de «mauvaises» femmes, il demeure méfiant et inaccessible.

Le plat d'amour se compose majoritairement de dialogues rapides, parsemés de descriptions très détaillées de psychologie et d'action. Et pour servir, une règle d'or: la narration doit être faite à partir du point de vue féminin. Le narrateur, complice de l'héroïne, mêlera sa voix à la sienne pour exprimer ses émotions, ses perceptions. Afin de ne pas perdre un seul des précieux instants de la vie des héros, les phrases, plutôt courtes, seront de préférence au passé. Bien sûr, le vouvoiement est de mise, du moins jusqu'à la promesse de mariage. Pour l'atmosphère: luxe et exotisme!

Aucune surprise, aucune déception. Voilà le mélange parfait. Ajoutons quelques touches adaptées aux nouvelles cordes sensibles, tels des événements historiques authentiques et de nouvelles professions pour l'héroïne. De là, une sorte de guide de la vie réelle, à la différence que l'Amour est ici le grand triomphateur, éternel et immuable.

DANIELLE BARBEAU

Les romans à l'eau de rose ont la cote (2)

Coup dur pour ceux et celles qui dénoncent les stéréotypes véhiculés dans les romans de type Harlequin. Après avoir épluché près de 40 ans de littérature sentimentale publiée au Québec, le groupe Représentation de l'image de la femme (RIFF) arrivait, dans les années 1990, à la conclusion que ces romans d'amour reflètent et influencent davantage la réalité des femmes que les productions intellectuelles. «Même chez les universitaires, il y a une réévaluation des romans d'amour à la hausse», soutient Julia Bettinotti, professeure à l'UQAM et membre du RIFF. L'analyse du RIFF conclut que ces œuvres populaires ont une meilleure prise sur la réalité vécue par les femmes.

Les romans à l'eau de rose ont la cote (3)

Alors que les femmes continuent de se battre pour se tailler une place sur le marché du travail, la population québécoise, elle, s'arrache les histoires où l'héroïne abandonne travail et autonomie pour les beaux yeux de son mari.

La femme qui laisse tomber sa carrière pour se marier et élever ses enfants, l'épouse soumise et romantique, bref les valeurs traditionnelles qui incitent à tout sacrifier au mariage en gage de bonheur éternel... voilà ce que cherchent le lecteur et la lectrice! Il suffit de penser à Émilie Bordeleau et à sa fille Blanche dans les deux tomes des *Filles de Caleb* d'Arlette Cousture, à Biche pensive dans *Au nom du Père et du Fils* de Francine Ouellette ou aux héroïnes des romans *Juliette Pomerleau* d'Yves Beauchemin, *Quelques Adieux* de Marie Laberge et *Aurélien, Clara, mademoiselle et le lieutenant anglais* d'Anne Hébert. Ces six œuvres populaires québécoises, analysées par Marie-Josée Blais pour sa thèse de doctorat en littérature québécoise déposée en 2002 à l'Université Laval, présentent un personnage féminin déterminé qui renonce à ses rêves dès qu'elle tombe «dans la sphère amoureuse». Et personne ne crie au sexisme!

Dans tous ces livres, à l'exception de celui d'Anne Hébert, l'homme lance le processus amoureux. L'attention, la courtoisie, le regard, le sourire, puis enfin les caresses et les baisers, sont mis à profit pour gagner le cœur de celle qu'il convoite. Le personnage féminin, souvent une femme de tête, indépendante, reste d'abord passif puis finit par succomber à tant de romantisme. «Les best-sellers québécois traitent de l'amour un peu de la même façon que les romans de type Harlequin», déclare Marie-Josée Blais. Selon cette spécialiste de la littérature, les auteurs de romans québécois font en effet naître et évoluer la relation amoureuse de leurs héros selon une structure aux règles bien définies, semblable à celles des romans à l'eau de rose. «À la différence que les confrontations amoureuses sont moins violentes et que la fin n'est pas toujours heureuse.» En effet, peu de couples des romans populaires québécois se marient, ont beaucoup d'enfants et vivent heureux jusqu'à la fin des temps...

Selon sa thèse, la recette semble donc toute simple. Tout roman aspirant au titre de best-seller québécois doit allier beaucoup de valeurs traditionnelles... et une histoire ne se terminant pas toujours bien. Un message pour rappeler que tout sacrifier pour le mariage ne garantit pas nécessairement un bonheur éternel. De quoi satisfaire, peut-être, le (petit) côté féministe qui sommeille...

NATHALIE KINNARD

Y a pas de quoi rire!

La pollution qui fait changer de sexe

La pollution a plusieurs aspects inquiétants. Mais certains sont plus inquiétants que d'autres.

Deux études distinctes, l'une sur la pollution de l'eau, l'autre sur la pollution de l'air, sont arrivées en même temps, à la fin de l'hiver 2002, sur les bureaux des écologistes, biologistes et autres journalistes. L'une affirme que la pollution de l'air contribue à étrangler nos vaisseaux sanguins, l'autre, qu'un polluant chimique connu pour provoquer des inversions de sexe chez les poissons, pourrait aussi affecter les humains.

Dans ce dernier cas, il s'agit d'une étude de cinq ans de l'Agence environnementale britannique. Elle montre que la moitié des poissons mâles des rivières des basses terres développent des caractères physiques propres aux femelles, à cause de la pollution.

En soi, cette annonce déconcertante n'est pas une première; il y a longtemps que des chercheurs associent différents types de polluants chimiques à différents changements liés au système reproducteur des poissons. Mais ce qui est nouveau, c'est que l'un de ces polluants serait contenu dans la pilule contraceptive. Une forme particulièrement efficace d'œstrogène contenue dans l'urine des femmes qui prennent cette pilule se retrouverait, par les déversements d'égouts, dans les rivières et contaminerait ainsi les poissons.

Mais ça ne s'arrête pas là, puisque après avoir contaminé les poissons mâles, ce contaminant pourrait à son tour, par l'eau du robinet, contaminer les hommes.

L'Agence environnementale britannique, dont l'étude a été financée par le gouvernement, a nié fermement avoir découvert la moindre menace pour la santé humaine.

Son étude, qui a porté sur des poissons de dix rivières britanniques pendant cinq ans, a découvert des mâles «féminisés» dans chacune de ces rivières. Près de la moitié portaient des ovules dans leurs organes reproducteurs, ou d'autres caractères appartenant à l'autre sexe. Un quart produisaient des spermatozoïdes de mauvaise qualité. Un sur dix était stérile.

Selon le Dr Charles Taylor, de l'Université Exeter, l'œstrogène accusé serait si efficace que même une partie par million suffirait à provoquer de tels dommages au système reproducteur des poissons. D'où l'inquiétude pour les humains, puisque de telles concentrations sont indétectables avec nos systèmes traditionnels de filtration de l'eau.

Et les vaisseaux sanguins?

Quant à l'autre étude, elle n'est guère plus rassurante. Certains polluants présents dans l'air provoqueraient un amincissement de nos vaisseaux sanguins – ce qui expliquerait pourquoi le smog semble affecter directement les gens qui souffrent de problèmes cardiaques, voire accroître les attaques cardiaques.

L'étude, publiée dans la revue américaine *Circulation*, a été menée à l'Université de Toronto. On a fait respirer, à 25 personnes en bonne santé, de l'air contenant des concentrations élevées de polluants (particules microscopiques de carburants fossiles, ozone, etc.), pendant deux heures. Immédiatement après, on a pu mesurer une constriction (resserrement) de leurs vaisseaux sanguins de l'ordre de 2 à 4%. Le tout revenait à la normale après quelques heures, et rien de tel ne se produisait lorsqu'ils inhalaient un air plus sain.

Un tel étranglement des vaisseaux sanguins n'a pas d'effets tangibles sur une personne en bonne santé. Mais chez quelqu'un qui souffre déjà de problèmes cardiaques ou circulatoires, comme l'artériosclérose, cela peut faire la différence entre une journée paisible et une attaque cardiaque.

Changer de sexe : difficile mais satisfaisant

Robert Smith (nom fictif), un vétéran de la Deuxième Guerre mondiale, marié et père de deux enfants, a enseigné l'histoire dans une école secondaire de l'Ontario jusqu'à l'âge de 60 ans. Une vie normale... en apparence. Mais en 1980, il a divorcé et investi ses économies dans une opération chirurgicale. Lorsqu'il est sorti de l'hôpital, il était devenu Susan Huxford...

« J'avais souhaité cette transformation toute ma vie, expliquait quelques années plus tard Mme Huxford. Durant près de 50 ans, j'ai joué un rôle. On me demandait d'être un bon père et un bon mari, et je l'ai été. Mais dans mon for intérieur, j'étais une femme depuis mon enfance. »

Pendant un temps, elle a dirigé la Fédération américano-canadienne des transsexués. Cet organisme de 200 membres s'affaire à démontrer que les transsexués, hommes et femmes, peuvent fonctionner de façon efficace en société. Les transsexués sont même heureux, s'il faut en croire un rapport de l'Institut de psychiatrie Clarke de Toronto. La recherche, effectuée auprès d'une soixantaine d'individus ayant chirurgicalement changé de sexe en Ontario, révèle un taux élevé de satisfaction. La majorité des répondants subiraient à nouveau le bistouri si c'était à refaire. Au moment de l'enquête, la plupart vivaient une relation stable avec un conjoint et occupaient un emploi.

Selon Mme Huxford, tout n'est cependant pas rose dans la vie des transsexués; plusieurs perdent leur partenaire, d'autres ont des problèmes au travail. Même si la loi ontarienne permet aux transsexués d'avoir de nouveaux papiers d'identité et de vivre pleinement leur changement de sexe, les employeurs sont réticents à les garder. L'article 15 de la Charte des droits et libertés, qui interdit la discrimination fondée sur le sexe, n'est pas d'un grand secours, estime Susan Huxford. «Dans des situations comme celles-là, les transsexués préfèrent garder l'anonymat.»

Ne devient pas transsexués qui veut. L'Institut Clarke, le seul du genre en Ontario, applique des critères de sélection sévères pour la chirurgie, afin d'écarter les homosexuels et les «travestis de fin de semaine». «Au moment de l'opération, précise le psychologue Leonard Clemmencen, la plupart des patients s'habillent et vivent déjà comme l'autre sexe. Ceux qui y ont recours ont démontré qu'ils sont aptes à maintenir une relation affective avec un partenaire.»

Les transsexuels ont aussi des problèmes familiaux: certains parents n'admettront jamais que leur garçon se transforme en femme. D'autres, par contre, finiront par accepter, avouant que le comportement de leur enfant cachait quelque chose... «Dans la plupart des cas, confie le psychologue Léonard Clemmencen, les parents ressentent les mêmes émotions qu'à la perte d'un être cher.»

CLAUDE FORAND

Évitez de naître près d'un dépotoir

Les enfants nés de mères vivant près de dépotoirs sont plus susceptibles de souffrir de malformations, selon des Britanniques.

Ce qui n'est guère rassurant, quand on sait que cette même recherche a conclu que 80% de la population britannique vivait à deux kilomètres ou moins d'un site d'enfouissement de déchets...

L'étude couvre 11 années. En moyenne, 153 bébés sur 10 000 naissent avec une malformation. À proximité d'un site d'enfouissement, la proportion augmente de 1 p. cent. Statistiquement, ce n'est pas beaucoup, mais cela se traduit tout de même par une centaine de bébés de plus qui souffriront de spina bifida, de mur abdominal ou de problèmes d'intestins. Et peut-être plusieurs centaines de bébés de plus qui naîtront avec un poids inférieur à la normale.

Ceci dit, le lien entre le site d'enfouissement et ces problèmes de santé est tout sauf évident, les problèmes en question étant si variés qu'il est difficile d'établir une corrélation. Pour compliquer encore plus le tableau, il est possible que certaines de ces malformations n'aient rien à voir avec les déchets.

Le gouvernement britannique, qui a financé l'étude, parue en septembre 2001 dans le *British Medical Journal*, s'est bien gardé d'annoncer des mesures préventives et, par la voix de sa porte-parole, a immédiatement relativisé : les risques, pour les femmes enceintes vivant à proximité de sites d'enfouissement, sont moins élevés que pour celles qui consomment beaucoup d'alcool ou qui fument. Rassurant ?

Le sexe de la pollution

Les adolescents qui vivent à proximité des incinérateurs à déchets arrivent à maturité sexuelle plus tardivement. C'est du moins ce qui ressort d'une étude menée à l'Université de Louvain, en Belgique. Elle a entre autres permis de détecter des niveaux élevés de dioxines et de BPC chez les adolescents plus «exposés». Or, ces deux polluants chimiques sont régulièrement accusés de retarder le développement des organes sexuels.

Selon cette étude, environ 40% des garçons vivant à proximité des incinérateurs ont de plus petits testicules, et les filles, de plus petits seins, par rapport à leurs confrères et consœurs de régions rurales. «Les jeunes sont particulièrement vulnérables à une grande quantité d'agents nocifs», souligne le chercheur principal, le Dr Jans Staessen. «Nos découvertes suggèrent que les normes environnementales actuelles sont insuffisantes pour éviter des effets biologiques mesurables, lesquels pourront être la cause de désordres dans la vie adulte.»

L'équipe belge a analysé l'urine, le sang et des échantillons de tissus de quelque 200 «cobayes» de 17 ans, tous dans la ville ou la région d'Anvers, en Flandre. La moitié vivaient dans les quartiers industriels de Hoboken et de Wilrijk. Cette recherche est parue en mai 2001 dans la revue médicale britannique *The Lancet*.

L'amour vache

Les adolescents qui découvrent l'amour se comportent davantage comme des hommes de Cro-Magnon que comme des romantiques à la Roméo et Juliette. C'est ce qu'a découvert il y a une dizaine d'années Line Robitaille, une étudiante de la Faculté des sciences sociales de l'Université Laval. Pour préparer son mémoire de maîtrise, l'étudiante a interrogé 18 adolescents de 13 à 19 ans qui fréquentent une maison de jeunes d'un quartier défavorisé de la région de Québec. Violence verbale et psychologique, indifférence, refus de discuter et une jalousie à vous donner la jaunisse sont les armes principales de cette guerre amoureuse. Comme chez les adultes, la violence est surtout le fait des partenaires masculins. Cependant, il n'est pas rare qu'une fille agresse physiquement un garçon. Pour se défendre, bien entendu!

La fin de l'excision?

Le Sommet de la Terre à Johannesburg, en septembre 2002, a été jugé comme un pétard mouillé par plusieurs. Mais il a pourtant été le théâtre d'une victoire, peut-être sa plus importante, quoique la moins remarquée: une entente internationale visant à interdire l'excision.

Cette pratique, qui consiste à couper le clitoris des jeunes filles et est considérée, dans certaines cultures, comme un rite de passage à l'âge adulte, toucherait encore deux millions de personnes par année, dans plusieurs régions d'Afrique, d'Asie et du Moyen-Orient, selon l'Organisation mondiale de la santé.

L'entente, signée à Johannesburg par des représentants de plus de 190 pays, stipule que les services de santé doivent se conformer «aux droits humains et aux libertés fondamentales». Ce qui, mine de rien, est un ajout d'importance, par rapport à la version initiale de l'entente, qui se contentait de dire que les services de santé doivent être offerts «conformément aux lois nationales et aux valeurs culturelles et religieuses». Cette dernière formulation laissait en effet la porte toute grande ouverte à l'excision, au nom du respect de la culture de chacun...

Parmi ceux qui s'étaient initialement opposés à cet ajout sur le respect des droits humains, avant de se rallier, on notait plusieurs pays musulmans, l'État du Vatican... et les États-Unis. Ces derniers alléguaient que le fait de mentionner les droits humains pourrait être interprété comme un appui à l'avortement et à la contraception.

L'excision, souvent pratiquée avec des moyens rudimentaires – une lame de rasoir –, entraîne des séquelles psychologiques, mais aussi, et surtout, provoque d'immenses douleurs, des ulcères, des problèmes urinaires et des infections.

Ceci dit, dans l'immédiat, l'impact que cela aura sur les deux millions de jeunes femmes promises à ce sort au cours de la prochaine année est douteux. Dans plusieurs pays, le gouvernement central interdisait d'ores et déjà l'excision, ce qui n'empêchait pas les autorités régionales de fermer les yeux...

Le syndrome d'alcoolisme fœtal prend du poids

Méconnus sont les méfaits de l'alcool sur une femme enceinte. Et pourtant, dans maints pays, depuis de nombreuses années, se multiplient les recherches sur les effets qu'a eus sur le développement du fœtus une consommation débridée d'alcool pendant la grossesse. Une étude sur des rats, terminée en 2002, a ajouté une pierre à l'édifice: même une consommation modérée d'alcool peut affecter le développement du cerveau de cet animal.

On entend par consommation modérée, pour une femme, un verre d'alcool par jour pendant les six premiers mois de la grossesse. On a donc fait boire l'équivalent de cela à ces animaux – toutes proportions gardées, bien sûr. La recherche a été menée à l'École de médecine de l'Université du Nouveau-Mexique.

Selon les chercheurs, les bébés rats qui ont «subi» cette expérience éprouvent davantage de difficultés, arrivés à l'âge adulte, pour réussir un test d'orientation. D'autres problèmes pourraient aussi surgir, mais qu'il est difficile d'évaluer chez un rat. Comment lui faire subir un test d'intelligence ou vérifier s'il retient bien sa table de multiplication des six?

Bref, il y a de quoi occuper d'autres chercheurs d'autres écoles de médecine pendant longtemps encore...

Le syndrome d'alcoolisme fœtal : besoin d'un coach pour la vie

En attendant d'avoir tout appris sur les effets que peut avoir l'alcool sur un fœtus (voir texte précédent), certains ne se gênent pas pour publier des chiffres qui donnent le frisson. Ainsi, le syndrome d'alcoolisme fœtal affecterait au Canada de 1 à 6 naissances sur 1000.

Ces chiffres représentent une progression, mais c'est en grande partie parce que le personnel médical sait mieux reconnaître qu'avant, chez le nouveau-né, les signes physiques associés à ce syndrome : petite circonférence crânienne, lèvre supérieure très mince, absence du pli caractéristique entre la lèvre supérieure et le nez, faciès plutôt aplati et présence d'un pli à la paupière supérieure.

Brenda Stade, infirmière à l'Hôpital Mount Sinaï de Toronto, a voulu savoir quel était l'impact de ce syndrome sur la qualité de vie des enfants. Elle a présenté les résultats d'une étude-pilote, menée auprès de 12 enfants, lors du symposium international sur la recherche en soins infirmiers qui a eu lieu au printemps 2002 à Montréal.

Ces enfants, âgés de 8 à 21 ans, avaient tous été adoptés, sauf un qui vivait en famille d'accueil. Brenda Stade a mesuré, à l'aide de divers questionnaires, leur qualité de vie ainsi que huit variables particulières : la vision, l'audition, le langage, la déambulation, la dextérité, les émotions, la cognition et la douleur. Les résultats étaient comparés avec ceux d'un groupe d'enfants de référence, c'est-à-dire nés sans le syndrome d'alcoolisme fœtal.

Les résultats montrent une différence significative quant à la qualité de vie, la note moyenne des 12 enfants étudiés étant de 0,62 (sur un maximum de 1) contre 0,92 pour les enfants du groupe « sain ».

Les principaux problèmes touchent la gestion des émotions, les facultés cognitives (attention, mémoire, concentration, capacité d'apprentissage, etc.) et le langage. «Nous étions un peu surprises de voir que ces enfants ne présentaient pas de déficits de vision, d'audition ou de problèmes de dextérité, explique l'infirmière. Nous avons depuis réalisé une étude à plus grande échelle, portant sur 132 enfants. La compilation des résultats n'est pas terminée, mais ils semblent confirmer les observations faites durant l'étude-pilote.»

Brenda Stade explique que ces enfants peuvent être intégrés au réseau scolaire à la condition d'avoir des attentes réalistes : il faut accepter d'abaisser les exigences. «Ils auront besoin toute leur vie d'un *coach*, que ce soit un conjoint, un frère, une sœur ou une aide professionnelle, pour les aider par exemple à planifier leur horaire ou à payer leurs comptes. C'est un peu comme l'enfant en chaise roulante qu'il faut aider en adaptant son environnement. Dans le cas de l'enfant atteint du syndrome d'alcoolisme fœtal, c'est dans la réalisation des petites tâches de la vie quotidienne qu'il faudra l'appuyer.»

SUZANNE CHAMPOUX

Encore de l'alcool chez les femmes enceintes

La moitié des femmes enceintes admettent avoir consommé de l'alcool au moins une fois pendant leur grossesse et 15% admettent en consommer une fois par semaine. Mais seulement la moitié déclarent en avoir parlé à leur médecin...

Ces données proviennent d'une étude du Dr Heather Flynn et de son équipe de l'Université du Michigan, menée auprès de 1 116 femmes enceintes de 18 à 46 ans et publiée au début de 2003. Selon la chercheuse, les résultats ne sont pas alarmants puisqu'ils démontrent que la consommation d'alcool a diminué au cours des dernières années et que les futures mères qui prennent de l'alcool en consomment moins. Il existe néanmoins un sous-groupe à risque élevé qu'il est urgent de mieux connaître: ce sont les femmes en proie au stress et à la dépression et victimes de violence familiale.

Parmi les femmes qui ont consommé de l'alcool, 54% seulement ont été questionnées à ce sujet par leurs médecins. Ceux-ci prétendent ne pas avoir le temps ni la formation pour aller chercher ce type d'information. De même, certains invoquent le manque de documentation quant aux effets de l'alcool sur le développement du fœtus (voir texte précédent) pour laisser entendre qu'une consommation occasionnelle n'engendre pas de risque pour le bébé.

Si certains facteurs comme l'appartenance à un groupe ethnique, la situation familiale (mariée ou non) ou le niveau d'éducation n'ont pas d'influence sur les femmes appartenant à ce groupe à haut risque, l'étude révèle en revanche que les fumeuses sont trois fois plus nombreuses parmi les consommatrices d'alcool. À ce stade de l'étude, le professeur Flynn souhaite approfondir ces liens entre consommation d'alcool et de tabac sur la santé des mamans et de leurs bébés, afin de mieux identifier les patientes à hauts risques et de leur venir en aide le plus rapidement possible.

Quand il y en a pour un...

Déjà accablés par les difficultés de la séparation, les ex-époux vont maintenant devoir se culpabiliser à l'idée qu'ils menacent la biodiversité. Une étude publiée en 2003 dans la revue britannique *Nature* suggère en effet que la multiplication du nombre de résidences que l'on observe dans les pays occidentaux représente un réel danger.

Cette tendance serait plus dommageable pour l'écosystème que la simple croissance démographique, selon Jianguo Liu, responsable de la recherche à l'Université d'État du Michigan. Car même dans des pays où la population vieillit, comme le Portugal ou l'Italie, le nombre d'habitations abritant une, deux ou trois personnes, augmente. De plus en plus de couples se séparent, les enfants quittent le giron familial plus tôt, et les générations cohabitent de moins en moins ensemble. Il faut alors loger tout ce beau monde, ce qui implique davantage de maisons, davantage d'espace occupé et davantage de consommation d'énergie.

C'est que les dépenses énergétiques attribuées à une résidence ne sont pas proportionnelles au nombre de ses habitants. Une famille de six personnes vivant sous le même toit utilise un réfrigérateur, tout comme un couple de jeunes mariés. Mais si l'heureux couple se sépare, il en résulte probablement l'apparition d'un nouveau réfrigérateur, d'une nouvelle voiture, et ainsi de suite...

Le groupe du Dr Liu s'est intéressé à 76 pays où la biodiversité est menacée et les a comparés avec 65 autres. Résultat : depuis 1985, des millions de foyers supplémentaires, abritant moins d'occupants, sont apparus, particulièrement dans les pays qui voient leur écosystème mis à mal.

Interrogée par *Nature*, Jessica Hellmann, biologiste au Centre de recherche pour la biodiversité à l'Université de Colombie-Britannique, souligne qu'il serait beaucoup plus judicieux de s'intéresser à l'impact du nombre de résidences sur l'environnement. Il serait alors plus facile de mettre en place des mécanismes de contrôle. Adopter, par exemple, un règlement obligeant les fabricants de sécheuses à rendre leurs produits moins énergivores serait plus efficace dans la lutte contre le réchauffement climatique, que de tenter de sensibiliser les utilisateurs aux implications environnementales de leur appareil...

Le sperme qui vieillit trop vite

Voici une bonne et une mauvaise nouvelles. La bonne: certains polluants qu'on retrouve dans la nourriture et les pesticides peuvent accélérer la vitesse à laquelle le sperme devient adulte. La mauvaise: un sperme plus adulte plus vite ne sert absolument à rien.

Cette découverte pourrait en conséquence expliquer – ou du moins contribuer à expliquer – la diminution du taux de fertilité chez certaines espèces, dont les souris. Et peut-être même chez les humains.

Un sperme adulte a l'avantage de pouvoir se rendre plus tôt vers son but ultime, l'ovule. Le problème, c'est que s'il a «grandi» trop vite, il n'a pas encore la capacité de percer la coquille protectrice de l'ovule. Conséquence: il se rend sur place, mais une fois arrivé à destination, il ne sert plus à rien!

Les polluants dont il est question ici sont des produits chimiques similaires à l'œstrogène (l'hormone sexuelle femelle). Il y a longtemps que les scientifiques préviennent que cette similarité peut avoir des effets néfastes sur le cycle reproducteur de certains animaux, mais sans parvenir à dégager des conclusions claires et nettes. Certains scientifiques prétendent depuis le milieu des années 1990 que ces polluants entraînent une réduction du nombre de spermatozoïdes; d'autres, qu'ils peuvent freiner le développement des organes sexuels, après la naissance.

Chose certaine, les chercheurs du King's College, de Londres, semblent avoir bel et bien démontré, en 2002, que chez les souris, ces simili-œstrogènes ont des effets dévastateurs. Chez les mâles ayant subi des bains contenant des basses teneurs de ces composés chimiques, la croissance du spermatozoïde est indubitablement plus rapide. Trop rapide, explique la chercheuse principale, Lynn Fraser.

«Mon hypothèse, c'est que de faibles niveaux de trois ou quatre de ces composés auront un effet plus grand encore sur la fonction du sperme.»

Comment ces polluants se retrouvent-ils dans le spermatozoïde, par contre, c'est là une question qui n'a pas encore obtenu de réponse.

Menteur, menteur

Les mensonges entre partenaires sexuels sont fréquents, selon une étude récente de l'Université de l'Illinois: «Je prends la pilule», «Je viens d'avoir un test de sida», etc. Mais ce qui est encore plus étonnant, c'est que ceux qui disent ces mensonges croient que leur comportement est «inacceptable».

Les conclusions de la chercheuse, Sunyna Williams, spécialiste en santé publique, sont basées sur des entrevues de 15 minutes menées auprès de 166 étudiants universitaires actifs sexuellement. En soi, l'échantillon n'est pas énorme, mais il révèle une disparité frappante entre ce que les gens veulent faire et ce qu'ils font vraiment.

Faut-il percer le condom?

Au Canada, où ce n'est pas l'information qui manque en matière de prévention des maladies transmises sexuellement (MTS), les comportements sexuels à risque sont quand même très répandus. On peut facilement imaginer la situation dans les pays du tiers-monde, où cette information est peu abondante et souvent mal interprétée.

Ainsi, dans certains pays, les hommes estiment que si le sperme n'est pas déposé dans le vagin, il n'y a pas coït. Par conséquent, certains acceptent l'emploi du condom mais coupent le bout du préservatif! D'autre part, dans plusieurs sociétés, l'homme auquel la femme suggère l'emploi du condom en déduit qu'elle le soupçonne de maladie. Un rapport sur la recherche en sexualité, produit récemment par le Centre de recherches pour le développement international, souligne que le manque de connaissances sur la sexualité dans les pays en développement vient du fait que les gens hésitent à s'informer et à en parler.

Quand un chercheur s'intéresse au sexe...

Champ d'attraction

On a publié beaucoup de choses sur le manque de relève dans les carrières scientifiques et sur le manque de femmes dans la profession d'ingénieur. Mais on a rarement lié les deux phénomènes. Au cours des audiences du Congrès américain sur la nécessité de rendre le métier d'ingénieur plus attrayant aux femmes, la doyenne de l'Université Duke, Kristina Johnson, a donc lâché cette remarque : « Davantage d'hommes étudieraient le génie, si on y trouvait plus de femmes ». Bon sang ! mais c'est sûr !

Le Kama Sutra du journal médical

Il y a vraiment des cobayes qui en bavent plus que d'autres. Une vingtaine de personnes ont accepté de se soumettre à une expérience scientifique inédite : entrer dans un appareil d'imagerie par résonance magnétique... et y faire l'amour.

L'idée était d'examiner au « scanner » leur anatomie pendant les moments cruciaux. L'étude s'est étalée sur sept ans, pendant lesquels les volontaires se sont livrés à 13 expériences. Parmi eux, huit couples et trois femmes célibataires, qui avaient pour mission de « s'auto-stimuler ». Les auteurs de l'étude, publiée dans le très sérieux *British Medical Journal*, ont expliqué qu'il s'agissait de données très importantes pour les sexologues, les gynécologues et les urologues. Les chercheurs précisent qu'un seul couple a été capable d'avoir des relations sexuelles complètes sans l'aide de Viagra, « probablement à cause du stress ». On se demande bien pourquoi.

Une des conditions pour participer à l'étude était d'être suffisamment mince pour se glisser dans le tube de l'appareil d'imagerie par résonance magnétique.

Le baiser parfait

Lorsque vous embrassez, est-ce que vous penchez votre tête vers la gauche ou vers la droite? Pour résoudre cette gravissime question, Onur Güntürkün, de l'Université de la Ruhr, en Allemagne, a observé, à leur insu, 124 couples en train de s'embrasser, dans les gares, les aéroports, les parcs et sur les plages de trois pays.

Sa conclusion: la tête penche vers la droite deux fois plus souvent. Une proportion qui n'étonne pas les spécialistes du mouvement, puisqu'elle correspond au pourcentage de gens qui utilisent plus souvent leur pied droit ou leur œil droit et à la proportion d'embryons qui tournent leur tête vers la droite pendant les dernières semaines de la gestation.

Au passage, le chercheur a aussi fait une découverte inattendue, mais qui n'a rien à voir avec son étude: «Les couples s'embrassent beaucoup moins souvent que je ne le pensais. À l'aéroport O'Hare de Chicago, j'ai dû attendre cinq heures pour obtenir deux données.»

Orgasme scientifique

La science, c'est mieux que le sexe. Bon, peut-être pas mieux, mais la satisfaction qu'on en retire dure plus longtemps...

C'est la comparaison juteuse qu'a offerte Stephen Hawking en janvier 2002, dans le cadre d'une conférence prononcée à l'Université Cambridge à l'occasion de son 60e anniversaire.

Le scientifique le plus célèbre du monde, devenu multi-millionnaire grâce à trois best-sellers et à une notoriété mondiale, celui que ses médecins avaient condamné à brève échéance, il y a quatre décennies, lorsque, dans la jeune vingtaine, on lui avait diagnostiqué la maladie de Lou Gehrig, a en effet fêté son 60ᵉ anniversaire. Ce qui fait de lui le Britannique à avoir vécu le plus longtemps avec cette maladie.

Et la comparaison qu'il a employée sera sûrement reprise

e serait-ce que pour titiller

science, c'est immanquable-

de l'«Eureka!», le moment

ersonne d'autre ne connais-

en. «Je ne comparerais pas

temps.»

qu'en fauteuil roulant et ne

un synthétiseur vocal – un

s choisis par le Dʳ Hawking

son enthousiasme. «Ce fut

r faire de la recherche en

'Univers a changé énormé-

ux d'y avoir apporté une

mmence la vie?

de, mais le débat de ces

llules-souches lui a donné

années 1990, des scienti-

cellules d'embryons, que

révolution médicale. En

sé croître quelques-unes

quelques jours et ont prélevé les cellules

dont ils avaient besoin.

Le débat a rapidement pris une teinte politico-religieuse – notamment aux États-Unis, sous le gouvernement George W. Bush. Et il s'est pointé jusqu'à la page éditoriale de la revue britannique *Nature*, ce 19 juillet 2001, chapeautée d'un titre peu courant dans cette revue fort austère : « Le sens de la vie ».

Où commence en effet la vie, se demandent les scientifiques ? « Les groupes pro-vie définissent le début d'une vie humaine par l'union du spermatozoïde et de l'ovule... Mais nos connaissances biologiques donnent peu d'appui à cette affirmation. »

Un embryon de quelques heures – soit « l'âge » qu'ont ceux qui sont détruits après le prélèvement de leurs cellules-souches – est au stade que les embryologistes appellent *blastula*; juste après *morula*, juste avant *gastrula*. Au stade blastula, l'embryon n'est encore qu'une sphère creuse. Non seulement n'y a-t-il aucune ébauche d'un membre ou d'un organe, mais en plus, même ses cellules ne se sont pas encore spécialisées. On ne retrouve à ce stade aucune cellule cardiaque, ou pulmonaire, ou nerveuse. Que des cellules indifférenciées, d'où leur nom : cellules-souches.

La biologie n'est donc pas aussi simple que le voudraient les groupes pro-vie. Comme l'a démontré Dolly, la brebis clonée, la fécondation par un spermatozoïde n'est même pas indispensable pour obtenir quelque chose de vivant. Une petite décharge électrique à l'endroit propice, et c'est parti... Et c'est sans parler de cette expérience, en 2001 en Australie, alors que l'ovule d'une souris a été fécondé par des cellules prélevées sur une autre madame souris. Les caricaturistes s'en sont donné à cœur joie : le rôle du mâle sera-t-il bientôt obsolète ?

Nul ne peut dire à ce stade si ces expériences aboutiront quelque part. D'autant que la « technique » du clonage reste encore hautement hypothétique. Mais dans le débat actuel, il démontre que ce que nous appelons « vie » n'est pas aussi simple à définir qu'on le voudrait.

Et ça ne fait que commencer...

À quoi ressemblera le sexe dans un million d'années?

L'homme a le sexe triste. La piètre condition de son spermatozoïde se reflète clairement par le taux de fécondité peu élevé de notre espèce.

Et attention! ceux qui dressent ce constat ne font même pas allusion aux études qui prétendent que le taux de production du sperme serait en baisse ces dernières décennies, ni même à la baisse du taux de natalité en Occident. Ils comparent, plus largement, l'humanité avec les autres espèces animales. Et ils en concluent qu'en matière sexuelle, nous avons un problème. Un problème qui progresse depuis, peut-être, des millions d'années.

C'est que, résumaient en février 2002 les Australiens John Aitken et Jennifer Marshall Graves, dans une analyse publiée par la revue britannique *Nature*, le sperme humain est dans une catégorie à part, par rapport aux cellules reproductrices – spermatozoïdes et ovules – des autres mammifères. Notre sperme transmet pauvrement le bagage héréditaire, il n'est pas très bien adapté à sa fonction et il est très sensible à une fragmentation des gènes contenus dans les mitochondries et les noyaux.

Traduit en clair, cela signifie qu'environ un couple sur sept, en Occident, doit aller suivre des traitements contre l'infertilité. Même lorsqu'un spermatozoïde atteint son but ultime – l'ovule – des dommages peuvent être transmis aux enfants: toutes les mutations majeures de l'humanité semblent de fait naître dans la partie mâle de notre bagage génétique. Et c'est sans compter la sensibilité du sperme à de nombreux facteurs extérieurs, du tabac jusqu'aux produits toxiques.

Dans ces conditions, il est étonnant que l'humanité ait survécu jusqu'ici. Mais peut-être pas pour longtemps encore, poursuivent nos deux analystes en biologie, attachés à l'Université de Newcastle, en Nouvelles-Galles du Sud, et à celle de Canberra.

Car non seulement nos cellules reproductrices souffrent-elles de tous ces maux, mais certains de ces maux s'accumulent désormais les uns par-dessus les autres, à mesure que la médecine permet à des hommes qui, jadis, n'auraient pas pu avoir d'enfants, d'engendrer une descendance porteuse des mêmes tares. Résultat : le déclin de la qualité du sperme se poursuivra et, avec lui, le déclin de la fertilité.

On en connaît mal les causes, et c'est d'autant plus difficile à expliquer que la pollution et autres joyeusetés de notre siècle ne sont, pour une fois, pas seules en cause. Certains prétendent que c'est à la base même du chromosome Y, le chromosome mâle, qu'existerait un problème. Il s'avère en effet que ce chromosome est particulièrement vulnérable aux dommages, et plus particulièrement aux «disparitions» de gènes. Au cours des 300 derniers millions d'années, chez les mammifères, le chromosome Y se serait transformé progressivement, de quasi-jumeau du chromosome X (celui de la femelle) qu'il était, en une ombre de lui-même.

Pour parler en chiffres, le chromosome Y original aurait contenu, il y a 300 millions d'années, environ 1 500 gènes. Depuis, tous sauf une cinquantaine ont été rendus inactifs ou perdus, soit une moyenne de cinq gènes affectés par million d'années, ce qui est énorme. Et rien n'indique que le processus se soit arrêté récemment. Au point que, scénario étrange, d'ici une dizaine de millions d'années, le chromosome Y pourrait ne plus être qu'une coquille vide – ou un chromosome qui s'autodétruirait.

Ce que cela signifie pour l'espèce, nul n'en sait rien. La disparition d'un chromosome n'est pas si rare dans la nature : c'est ce qui s'est produit chez la taupe, où le chromosome Y a été complètement éradiqué du génome. L'actuelle «race humaine» sera-t-elle remplacée, comme chez les taupes, par des sous-espèces, indépendantes les unes des autres parce qu'incapables de se reproduire entre elles ?

Les échelles de temps dont on parle ici sont de l'ordre des millions d'années, rappelons-le. Mais c'est maintenant, d'une génération à la suivante, que se préparent ces prochains millions d'années.